MINHA DOCE *Paris*

UM ANO NA CIDADE LUZ
(E DO CHOCOLATE AMARGO)

MINHA DOCE *Paris*

UM ANO NA CIDADE LUZ
(E DO CHOCOLATE AMARGO)

AMY THOMAS

Publicado originalmente com o título Paris, My Sweet
Copyright © 2012 Amy Thomas

Tradução: Camila Werner
Revisão: Vanessa Brunchport
Capa e Projeto Gráfico: Renata Pacces Carvalhal

Dados Internacionais de Catalogação na Publicação (CIP)
(Câmara Brasileira do Livro, SP, Brasil)

Thomas, Amy
   Minha doce Paris: um ano na Cidade Luz: (e do chocolate amargo) / Amy Thomas;
tradução Camila Werner. --1. ed. -- São Paulo:
Edições Tapioca, 2012.

   1. Culinária francesa 2. Memórias 3. Paris (França) - Descrição e viagens 4. Viagens - Narrativas pessoais 5. Viajantes
I. Título.

12-11524   CDD-910.4

Índices para catálogo sistemático:

1. Narrativas de viagens   910.4
2. Viagens : Narrativa pessoais   910.4

Edições Tapioca
Av. Paulista, 1337, cj. 161
01311-200 São Paulo SP Brasil
Tel. 55 11 3255-7744
contato@edicoestapioca.com.br
www.edicoestapioca.com.br

Este é um livro de memórias. Ele reflete as atuais lembranças do autor em relação às experiências vividas durante determinados períodos. Alguns nomes e características foram trocados, alguns eventos talvez tenham sido resumidos e alguns diálogos, recriados.

Para minha família e amigos queridos nos Estados Unidos, que sempre me apoiaram e se entusiasmaram com a minha vida no exterior, mas me atraíram de volta com o seu amor.

Para meus novos amigos em Paris, que mantiveram minha saúde mental e tornaram minha experiência mais rica do que esperava.

Para todos que participaram da minha aventura por meio do blog, animando-me, oferecendo apoio e escrevendo para mim ao longo dos anos. Suas palavras significaram mais do que imaginam.

Para todos os padeiros, *pâtissiers e chocolatiers* brilhantes que gastaram seu tempo para compartilhar suas histórias e satisfazer minha curiosidade.

Para Jessica Pepin e Shana Drehs que, por meio de uma confluência especial de forças, tornaram este livro realidade.

E para Allyson e Fred, sem os quais não haveria uma história para contar.

Merci.

"Nove em cada dez pessoas dizem que amam chocolate. A décima mente."

– Anthelme Brillat-Savat

"Agora acredito piamente – e não apenas pela minha experiência, mas também pela experiência alheia – que, quando você vai atrás da felicidade, abrem-se portas onde você nunca pensou que elas existiriam e onde não haveria portas para ninguém a não ser você.
Se você vai atrás do que o faz feliz, coloca-se em uma espécie de caminho, que esteve lá o tempo todo, esperando por você, e a vida que você deveria viver é a que vive agora."

– Joseph Campbell

"Sua querida amiga acabou de pegar um pedaço de bolo do lixo e comeu. Você provavelmente vai precisar dessa informação quando me internar na clínica da Betty Crocker."

– Miranda para Carrie em *Sex and the City*

NOTA DA AUTORA

Alguns nomes foram trocados neste livro para proteger a privacidade das pessoas.

SUMÁRIO

O Tour do Chocolate..15
Uma caixa de bombons novinha.................................19
Cupcakes — o conforto de casa..................................37
Chocolate quente que gruda nos dentes......................65
Fazendo amizade com a viennoiserie francesa............89
Nova York faz macarons..113
Desmoronando a caminho da perfeição....................137
Bolos para serem amados e celebrados....................159
É difícil encontrar um bom cookie com gotas
de chocolate..183
O êxtase das madeleines e dos muffins....................203
Bolo de cenoura é o novo bolo de banana................223
Renascendo da babá ao rum....................................241
French toast ou pain perdu. Eis a questão................259
Uma das melhores surpresas da vida:
ganhar um brinde..279

Prólogo
O TOUR DO CHOCOLATE

Acho que posso dizer que minha história começou com uma bicicleta e alguns bombons. Na época, pareciam apenas férias de verão divertidas: era 2008 e eu tinha negociado um apartamento com alguém em Paris. Já estivera visitando a cidade no começo daquele ano, mas o que dizer? Quando o convite para passar um tempo na Cidade Luz (e do chocolate amargo) bate à porta, minha primeira resposta é "*pourquoi pas?*".

Sempre fui assim. Passei um semestre da faculdade em Paris e foi então que me apaixonei pela beleza e pela graça da cidade – e pelos crepes de Nutella vendidos na rua. Quando voltei aos Estados Unidos, usava lenços de seda e uma boina preta; a única coisa que faltava na minha aparência estereotipada eram os cigarros Gauloises.

Vi um monte de filmes franceses para conhecer os diretores da *nouvelle vague* e apaixonei-me especialmente por Eric Rohmer, antes de ser seduzida por filmes contemporâneos como *Ladrão de Sonhos e Amélie Poulain*. Estudei a Geração Perdida lendo Hemingway, Fitzgerald e Janet Flanner, e montei uma minibiblioteca para nunca ficar longe de Paris. Tinha livros sobre gatos em Paris, cães em Paris, expatriados em Paris, decoração parisiense, jardins parisienses e culinária parisiense – organizados por bairro; bistrôs de Paris, *pâtisseries* de Paris e lojas em Paris. Tornei-me cliente de um café no meu bairro em São Francisco só por que ali o *café au lait* era servido em pequenas tigelas e não em canecas, e eu era dona de mais miniaturas da torre Eiffel do que tinha coragem de admitir.

Eu era apenas mais uma francófila, assim como você. Até aquele verão de 2008.

Era a primeira vez que passava o verão em Paris e foi absolutamente incrível. Adorei o fato de o dia ficar claro até depois das 22 h, o que me dava várias horas a mais para andar pelas ruas e sentar à beira do Sena. Estava empolgada por descobrir novos bairros como o Bercy e o Canal Saint-Martin e novos restaurantes da "bistronomia"[1] como Le Verre Volé e Le Comptoir du Relais. Aproveitei as liquidações, *les soldes*, e andei de Vélib, o sistema público de aluguel de bicicletas.

E havia todos os *chocolatiers*.

Naquela época, eu era tão obcecada por doces quanto por Paris. Tinha uma coluna no jornal Metro chamada "Sweet Freak" [Loucos por Doces] e um blog com o mesmo nome. Conhecia cada padaria, *dessert bar*, gelateria, salão de chá e *chocolatier* de Nova York. Quando viajava, montava meu roteiro a partir dos pontos de doces que não podia deixar de visitar na cidade.

Então, naturalmente, durante aquela semana em Paris, pesquisei os melhores *chocolatiers* da cidade, mapeei um circuito e fui de Vélib a oito deles. Foi revigorante e cansativo, para não dizer delicioso também. Era o passeio

---

[1] Termo cunhado em oposição à gastronomia. Refere-se à ideia de *chefs* servirem pratos da alta gastronomia no ambiente menos sofisticado dos bistrôs e a preços mais acessíveis.

dos sonhos de uma chocólatra. Escrevi sobre meu Tour do Chocolate para o *New York Times* e, quando o artigo foi publicado, ele ficou entre os dez mais lidos do ano. Enquanto planejava secretamente uma maneira de passar mais tempo comendo chocolate em Paris, a responsável pelo RH da agência de publicidade para a qual eu trabalhava na época entrou casualmente na minha sala e perguntou se eu gostaria de me mudar para Paris. Seria transferida para redigir textos para a marca ícone da moda, a Louis Vuitton. Tudo aconteceu tão de repente e pareceu tão mágico que tive de me perguntar: Paris fazia parte do meu destino ou era fruto de um desejo profundo?

Acho que isso serve para mostrar que nunca se sabe para onde a vida pode nos levar. Você procura respostas. Tenta entender o que tudo isso significa. Tropeça e alça voo. E, se tiver sorte, consegue ficar em Paris por um tempo. E aqui conto o que aconteceu quando fiz isso.

Capítulo 1

UMA CAIXA DE BOMBONS NOVINHA

Uma pergunta pode mudar sua vida? Estou disposta a apostar uma caixa de 25 bombons do Jean-Paul Hévin.

No outono de 2008, estava sentada em meu escritório, levando uma vida que considerava ótima. Era solteira, tinha um apartamento bonitinho no East Village e estava explorando os ambientes de encontros em Nova York. Tinha os melhores amigos do mundo e uma agenda social lotada. Gostava do meu trabalho como redatora publicitária. Mas o que eu realmente amava era fazer passeios à luz da lua, descobrindo padarias, *dessert bars*, gelaterias e butiques de chocolate, e documentar as descobertas deliciosas no meu blog "Sweet Freak" e em minha coluna no *Metro*, além de outros jornais e revistas locais. Pode-se dizer que minha vida era boa: fácil, divertida e confortável.

Estava me deliciando com o bombom da tarde (com 78% de cacau, entregue em mãos pelo meu chefe que o havia trazido de uma viagem de negócios para a Alemanha; ele tinha esses lindos pedacinhos de cacau que acrescentam uma deliciosa textura semicrocante ao seu sabor forte). Estava completamente relaxada. Meus diretores de criação na Ogilvy & Mather, a agência em que trabalhava, sempre tomaram cuidado para que eu não trabalhasse demais. O que era bom, pois minha melhor amiga, AJ, e eu tínhamos o hábito de tomar alguns kirs no fabuloso bistrô da Keith McNally no Meatpacking District, o Pastis, até as 2 h da manhã. Naquele dia de outono, em especial, estava pensando se Rafa, o romeno multimilionário que havia conhecido na noite anterior, ia me ligar, quando Allyson, a recrutadora interna do RH, entrou na minha sala.

– O que você acha de Paris? – ela perguntou, parando na porta para arrumar sua bota Ugg.

Fiquei surpresa ao vê-la. Eu trabalhava na agência havia dois anos, então praticamente não existia motivo para ela vir até minha sala. Coloquei o chocolate de lado – já ansiosa por voltar mais tarde àquele pedacinho de chocolate quase amargo demais – e lhe dei toda a minha atenção.

– Por quê? Você vai para lá nas férias? – perguntei, o que justificaria a visita repentina.

Alguns meses antes, eu havia passado uma semana em Paris, visitando os melhores *chocolatiers* montada nas Vélibs – as bicicletas de três marchas estacionadas por toda a cidade que, por apenas um euro ao dia, estavam ali para me levar de um lado para o outro. Isso foi genial, não só por que me permitiu ir a diversos *chocolatiers* num dia só, mas também evitou que meu ataque aos bombons fosse parar diretamente no meu traseiro. Depois que voltei, três colegas que estavam planejando viagens para Paris pediram meu itinerário de doces imperdíveis. Achei que a Allyson também fosse louca por doces.

– Não – ela disse, tirando a franja dos olhos, ainda toda despreocupada quando sentou na minha frente.

– Na verdade, estão procurando uma redatora que domine inglês para o escritório de Paris.

Pausa. Nossos olhos se encontraram.

– Pensei em você.

Nós duas começamos a sorrir.

– Para a conta da Louis Vuitton – ela concluiu de modo dramático.

Pulei da minha cadeira Aeron e gargalhei.

– O quê? Eles estão procurando uma redatora que fale inglês em Paris? Para trabalhar na conta da Louis Vuitton? E você está perguntando se eu quero?

Isso fez Allyson balançar a cabeça três vezes, e de repente minha vida estava mudando.

Os meses seguintes foram uma confusão de entrevistas, apresentações de portfólio, negociações e papelada. Também foram uma montanha-russa emocional. Claro que eu queria viver em Paris e trabalhar com uma das melhores marcas de moda do mundo. Que adoradora de sapatos Louboutin, veneradora da Coco Chanel e viciada em *macaron* não ia querer? Mas, e o meu apartamento bonitinho no East Village que meu pai, um arquiteto de interiores, e eu tínhamos acabado de decorar? E a minha rede de *freelancers* baseada em Nova York? E minha coluna no jornal? E meu círculo de amigos que, depois que passamos dos retumbantes 20 anos e chegamos aos nossos (mais ou menos) refinados 30 anos, eram minha família moderna? E meu gato tigrado maluco, o Milo? O que fazer com ele? Eu teria que deixá-lo para trás, ou conseguiria um visto de trabalho *pour deux*?

Enquanto esperava uma eternidade pela proposta oficial – uma pequena prova do ritmo lento e enlouquecedor de Paris – meu entusiasmo subia e descia como a maré. Quando não estava planejando mentalmente compras no Haut Marais ou piqueniques ao pôr do sol no Jardim de Luxemburgo, esperava que tudo fosse por água abaixo. Assim, não precisaria tomar nenhuma decisão e poderia ficar em Nova York, não porque estava assustada demais para ir embora, mas porque circunstâncias fora do meu controle assim o teriam determinado. Eu percebia a mesma ambivalência no rosto dos meus amigos. Toda vez que contava a um amigo próximo – pois, como sou muito supersticiosa, estava escondendo a possível mudança para Paris da maioria das pessoas, para o caso de ela não acontecer –, sentia uma pontada enquanto observava seus rostos passarem por todas as emoções: choque, assombro, comoção, descrença, desalento, aceitação e, finalmente, entusiasmo.

Mas quando contei a Rachel Zoe Insler, uma *chocolatier* que tinha acabado de abrir uma loja no meu bairro, a Bespoke Chocolates, seu rosto imediatamente brilhou de inveja.

Da primeira vez em que mordi uma das suas trufas, fiquei apaixonada na hora, e assim que conheci a Rachel, fiquei encantada. Ela tem a inteligência e o talento de uma *chocolatier* que estudou em Londres, mas o ar tranquilo e prático de quem adora sobremesas geladas do Tasti D-Lite. "Como alguém que produz chocolates tão sofisticados pode ser tão... comum?", pensei. Todas as vezes em que visitei sua loja de chocolates, enfiada em uma pequena travessa da First Street, ela vestia malha de ioga e tamancos, tinha o cabelo preso por uma bandana e Jack Johson tocava no iTunes. Logo depois que ela abriu a loja, nos aproximamos ao compartilhar obsessões da infância: a dela, o sorvete de chiclete da Baskin Robbins, e a minha, *cupcakes* recheados com creme, da Hostess. Tão comum.

Rachel morava no East Village havia anos – a única coisa que lhe dava um toque diferente. Ou pelos menos era o que eu pensava, até saber que ela havia estudado na Europa e experimentar seus chocolates incríveis.

– Pegue – ela disse em uma das minhas primeiras visitas, entregando-me uma trufa de chocolate colombiano amargo com 70% de cacau –, vamos começar de um jeito simples.

Era inacreditavelmente cremosa, uma verdadeira joia que derretia na boca.

– Caramba! É incrível, Rachel.

Ela sorriu e balançou a cabeça concordando. Acho que ela sabia que tinha uma devota incurável nas mãos. Atiçou meu apetite insaciável e minha curiosidade alimentando-me com novos sabores a cada visita.

– Ah, essa é das boas – disse eu, ao comer a trufa de chá Southampton, vibrante e aromática, com toques de damasco do chá do Ceilão. – Divina – gemi, segurando na bancada de mármore, na qual ela misturava e temperava seus bombons, depois de provar a trufa de morango e vinagre balsâmico feita com purê de morangos, vinagre balsâmico italiano La Vecchia Dispensa, envelhecido oito anos e chocolate com 66% de cacau, que depois era polvilhada com morangos desidratados em pó.

Eu só tive certeza de que estava lidando com La

Rive Droit e não com o East Village quando experimentei a obra-prima de Rachel: seu caramelo salgado coberto com pretzel – pedacinhos de pretzel salgado e crocante recobrindo a casca de chocolate com 66% de cacau e o recheio de caramelo cremoso.

– Coloque inteiro na boca, pois o caramelo lá dentro é bem líquido – ela me instruiu. Como um ratinho de laboratório, obedeci.

A combinação de salgado e doce já tinha se tornado muito popular na época, praticada por todos: desde a companheira *chocolatier* Rhonda Kave, que tinha uma pequena loja – a Roni-Sue, no Essex Street Market no Lower East Side –, até Pichet Ong, que já fora o confeiteiro-chefe de Jean-Georges Vongerichten e que tinha aberto sua rede de padarias e *dessert bars* no centro da cidade. Mas a pegada doce-salgada de Rachel era absolutamente sublime.

– É o caramelo – falei empolgada. – A textura. Ele mistura os dois extremos em uma delícia grudenta que derrete na língua.

Ela riu da minha explicação profissional.

– Você acha que eles têm algo parecido em Paris? – perguntei, lambendo o restinho de caramelo que sobrara na ponta dos dedos.

– Provavelmente isso é bagunçado demais para os franceses.

– Tem razão – disse, enquanto Rachel apontava delicadamente para o queixo, indicando que eu tinha um pouquinho de caramelo no meu. – Não sei como vou conseguir – continuei, limpando meu rosto. – Vai ser difícil ser certinha o tempo todo.

Ela me olhou, um pouco confusa:

– Do que você está falando?

Então compartilhei o vaivém do drama da minha espera dos últimos meses e ela começou pular de animação.

– Nossa, isso é incrível! Prometa que vai provar todos os chocolates de Paris – falou. – Não, todos os chocolates da França. Da Europa! – ela riu.

Combinado, respondi. Quinze minutos depois, disse adeus, inspirada por seu entusiasmo e pela minha caixa com seis variedades de bombons.

Quando contei para AJ, minha melhor amiga havia vinte anos, que finalmente tinha recebido uma oferta formal, a história foi bem diferente. Quase não conseguia olhar para ela.

– Sério??? – ela engasgou, com a notícia e com uma migalha de *cupcake*.

– Pois é, acredita?

Estávamos sentadas em um banco do lado de fora da Billy's Bakery, uma herdeira da Magnolia Backery (ou filha bastarda, depende de a quem se pergunte, pois ela foi criada por um ex-empregado da famosa padaria do West Village e tem o mesmo ar retrô e o mesmo menu, até no que diz respeito à quantidade de Nilla Wafers nos enormes recipientes de pudins de creme de banana). A vantagem da Billy's era que o ônibus do tour do *Sex and the City* não parava lá, então não tínhamos que nos confrontar com nossos embaraçosos alter egos de New Jersey. Além disso, ela ficava na esquina do apartamento da AJ em Chelsea. Muitas vezes nos deliciávamos com um doce aos domingos, tanto para fazer reconhecimentos para minha coluna no jornal ou para visitar os lugares dos quais éramos clientes assíduas: a City Bakery ou a Billy's. Era nosso momento de colocar a fofoca da semana em dia e repassar as aventuras da noite anterior, se tínhamos sido corajosas ou estávamos desesperadas o suficiente para ter encarado Manhattan no sábado à noite.

Toda vez que íamos à Billy's, AJ pedia o *cupcake* de banana com cobertura de *cream cheese*, uma das especialidades da casa. Normalmente achava que era minha obrigação experimentar algo novo – como o Hello Dolly, uma barrinha coberta com biscoitos integrais, com camadas de uma mistura superadocicada de pedacinhos de chocolate, nozes-pecãs, *butterscotch* e coco; talvez um grande pedaço do tradicional bolo de chocolate alemão, ou um simples snickerdoodle, bolinho polvilhado com açúcar e canela. Mas nesse dia – por companheirismo ou nervosismo, não tenho certeza – também pedi o *cupcake* de banana: uma escolha sábia, pois ele estava especialmente macio e fresco. Eu lambia a cobertura dos dedos e observava o fluxo de táxis amarelos que passavam voando pela Nona Avenida enquanto AJ absorvia a notícia em silêncio.

– Uau. Não. – Ela estava sentada olhando para o embrulho vazio do *cupcake*, pois o bolinho cheio de nozes e com cobertura cremosa já tinha acabado fazia tempo. Claro que havia dito a ela que estavam procurando redatoras em Paris e que eu era a principal candidata. Ela acompanhou o passo a passo de entrevistas, negociações, redação do contrato e espera ao longo dos últimos meses. Mas levou tanto tempo que acho que nenhuma de nós pensou que um dia uma carta com uma proposta oficial chegaria e que a mudança acabaria acontecendo de verdade.

Tivéramos praticamente a mesma conversa no começo daquele ano quando AJ fez uma entrevista para um emprego em Veneza. Na verdade, nossas vidas foram estranhamente paralelas desde que nos conhecemos no primeiro dia da 7ª série, duas magrelas de 11 anos no subúrbio de Connecticut, sentadas lado a lado durante a chamada da aula de educação física. A família de AJ tinha acabado de se mudar para a cidade vinda do Iowa. Naquela época, eu não sabia que seus gigantes olhos azuis e sua atitude absurdamente amigável eram as marcas registradas do Meio-Oeste. Mas não demorou muito para nos tornarmos inseparáveis e conheci outras características importantes da minha melhor amiga saudável e bonachona: lealdade, modéstia e uma grande vontade de se divertir, mesmo correndo o risco de passar por boba.

Apesar de os últimos dois anos em Nova York terem sido o único momento em que moramos na mesma cidade ao mesmo tempo desde que saímos do colegial, nossa amizade nunca perdera a força. Quando AJ decidiu não aceitar o emprego na Itália, soltei um suspiro de alívio. Com 30 e tantos anos, estávamos vivendo o melhor momento de nossas vidas, solteiras, loucas e juntas em Nova York. Tomar *brunch* e pular de galeria em galeria? Dançar a noite toda? Paquerar os homens? Ticado, ticado, ticado. Ela era minha alma gêmea. Éramos gêmeas separadas no nascimento. Não conseguia imaginar a vida sem seu sorriso doce, seu apoio inabalável ou nosso guarda-roupa compartilhado. Sei que nós duas ficamos aliviadas quando ela desistiu de concorrer pela vaga na Veneza. Mas agora ali estava eu: preparando-me para sair de Nova York e ir para Paris.

As últimas folhas secas alaranjadas tinham acabado de cair das árvores e o ar da cidade estava mais limpo e gelado que o normal. Cada vez que alguém abria a porta perto de nós, os cheiros quentinhos da padaria – canela, açúcar, noz-moscada – dançavam deliciosamente diante de nossos narizes.

– Isso é tão bom, Aim – ela disse, mudando o tom de voz na hora. Ela era *coach* de líderes administrativos e ensinava executivos internacionais a serem comunicadores eficientes, então sempre via o lado positivo de uma situação e encorajava os outros com as palavras certas e apoio verdadeiro. – Você deveria estar orgulhosa de si mesma!

– Sei, bom, ainda falta um monte de papelada como o pedido de visto e coisas oficiais desse tipo, então quem sabe o que ainda pode acontecer? Afinal de contas, é uma marca de luxo – continuei, falando por falar. – As pessoas não estão gastando dinheiro com bolsas de marca ultimamente. Sem nada assinado, não ficaria surpresa se a oportunidade desaparecesse tão repentinamente quanto apareceu.

Minha racionalização boba estava começando a assumir um tom de culpa. AJ olhou para mim, sabendo tão bem quanto eu que em breve eu estaria partindo.

Por mais atormentada que eu estivesse ao longo dos meses, meditando sobre a vida nas duas cidades fenomenais, aos poucos comecei a não querer nada além de fugir de Nova York. Ainda ficava triste por pensar em deixar meus amigos, a família e a vida confortável. Mas estava se tornando cada vez mais claro que aquela era uma mudança para melhor. Eu estava com 36 anos. A maioria dos meus amigos já tinha dois ou três filhos e andava comprando conjuntos de sofás para a sala de estar, enquanto eu agia como uma garota de

25 anos, indo de bar em bar nos quais a proporção entre homens e mulheres era de cerca de um para três em uma noite boa. A economia ia mal, os amigos eram demitidos e o refrão que dizia que devíamos estar felizes por termos empregos estava ficando batido, para não dizer deprimente - especialmente desde que comecei a receber mais e mais trabalho sobre o pesadelo dos redatores: os planos de saúde.

Se ficasse em Nova York, as semanas passariam umas atrás das outras. Os 36 se transformariam em 37 e logo estaria comemorando meu aniversário de 40 anos da mesma maneira que quando fiz 30: reunindo amigos para tomar drinques de quinze dólares em algum bar à luz de velas no centro da cidade. Tudo começava a parecer uma ameaça ou uma piada, incluindo meu outrora amado emprego. E francamente, estava ficando velha demais para dançar a noite toda. Acho que a ideia de deixar tudo para trás me permitia ver minha vida com olhos menos generosos. Isso me fazia pensar de uma nova maneira sobre as minhas necessidades. E não podia deixar de perguntar: eu era tão feliz quanto achava?

– Vou me dar um ano – declarei para a AJ. – Quer dizer, não posso não ir; é como se fosse destino ou coisa parecida, não é? Essa oportunidade de me mudar para minha cidade favorita no mundo – bom, além de Nova York – simplesmente bateu à minha porta. Tenho que tentar por pelo menos um ano.

– Concordo... você seria maluca se deixasse isso passar. – AJ sempre foi muito cuidadosa e criteriosa, o que me obrigava a ser mais assim também. – O que você pretende conseguir indo lá?

– Hum, boa pergunta. – Fiz uma pausa, deixando todos os pensamentos que tive durante os meses de espera e planejamento virem à tona. - Será ótimo para o meu portfólio trabalhar com a Louis Vuitton. E espero conseguir escrever um pouco sobre as minhas viagens enquanto estiver lá. Porque sem dúvida quero viajar. Quero ir para Portugal e Grécia, e para o sul da França, e se conseguir vender algumas matérias sobre isso, vai ser incrível.

- Hum, continue.

- Bom, quero aprender francês. Talvez fazer algumas aulas de culinária... - Estava começando a assumir a postura sonhadora que Paris sempre despertou em mim. "Isso vai acontecer de verdade, não?" - Quero explorar os melhores doces e padarias da cidade. E... talvez, até me apaixonar...

O sorriso que AJ deu para mim foi ao mesmo tempo triste e feliz. Estávamos começando um novo capítulo.

- Parece ótimo.

No final das contas, tudo se ajeitou. Depois de cinco longos meses de espera (aí está, novamente o ritmo de escargô), os papéis estavam assinados e eu tinha uma passagem de ida nas mãos. Despachei oito caixas de roupas e sapatos, coloquei meu computador na bolsa e arrumei uma mala, e me preparei para encarar o voo transatlântico com Milo - nossa primeira viagem juntos. E então, de uma hora para outra, estava em Paris.

Como em todas as minhas visitas anteriores, estava com os sentidos aguçados durante as primeiras horas depois de sair do avião. Com a arquitetura em pedra calcária e o barulho das motocicletas, o som dos sinos das igrejas e o cheiro dos frangos sendo assados nas *boucheries*, foi um exercício de entrega total. Viva. Estava em Paris, e sentia-me viva!

Larguei minha mala, soltei um Milo ainda grogue em meu sombrio quarto de hotel e comecei a descer a ladeira para a parte sul de Pigalle – SoPi como os franceses, cada vez mais chegados aos acrônimos nova-iorquinos, a chamavam – imaginando quanto tempo conseguiria me segurar antes de comer um crepe de Nutella quente e derretida vendido nas ruas, uma das minhas comidas prediletas em Paris. Estava feliz em poder explorar um bairro descolado, já que a agência tinha me colocado em um hotel não tão descolado perto do Moulin Rouge. Eram apenas 4 h da tarde, mas garotos de 18 anos já bêbados e turistas japoneses aposentados saltando de ônibus de turismo como samurais armados com câmeras tornavam o bairro um campo minado.

Além do bulevar principal, havia o impressionante número de bares que finalmente abriam espaço para lojas de música indie e cafés, onde, apesar do ar úmido do mês de março, pequenos grupos de pessoas fumavam e conversavam nos terraços. Do outro lado rua, fui atraída por um toldo marrom: A l'Etoile d'Or. "Hum", pensei, *"qu'est-ce que c'est?"* Havia adesivos de guias de viagem colados na porta – símbolos de qualidade exibidos por restaurantes e butiques pela cidade – então sabia que devia ser um lugar conhecido. Mas não sabia que estava prestes a conhecer uma lenda.

Entrei pela porta em uma lojinha de maravilhas. O chão ladrilhado parecia ter séculos, as prateleiras de vidro estavam lotadas de latinhas coloridas e as sancas de nogueira davam uma sensação acolhedora e convidativa: era a loja de doces à moda antiga perfeita. E o melhor de tudo, havia chocolate – chocolate por todos os lados!

No centro da loja ficava uma vitrine repleta de bombons. Ao lado dela, uma mesa com barrinhas empilhadas – da Bernachon. Depois descobri que isso é *très* raro, pois quase ninguém além do *chocolatier* lionês, Maurice Bernachon, tem o privilégio de vendê-las. Havia vidros com montanhas de caramelos, pirulitos, nozes confeitadas, alcaçuz e mais barras finamente embrulhadas e caixas por todos os lados.

– *Bonjour*! – uma voz rouca falou do nada.

Olhei em volta e vi uma mulher aparecer de maneira mágica da sala dos fundos. "Ai, meu Deus."

O nome Denise Acabo não significa muita coisa para 99% da população mundial. Mas o outro 1% é seu fã. Afinal de contas, ela é uma das grandes conhecedoras do chocolate francês.

Levei um momento para me recuperar, olhando para essa dama que vestia uma saia xadrez escocesa e blusa azul, com longas tranças louras e óculos bifocais e – um momento, era isso? Sim, era isso! – exalava o perfume Chanel nº 5. Mais tarde eu descobriria que Acabo é um personagem cult em Paris. Mas naquele dia, ela era minha descoberta secreta. Mais do que sua aparência marcante, ou mesmo seu conhecimento sobre chocolate, é seu charme irresistível e seu entusiasmo contagiante que atraem as pessoas.

Todos que entram pela porta de sua butique são tratados como se fossem as pessoas mais importantes do mundo. Ela pega você pelo braço e dispara a falar sobre seus doces: que são os melhores que os melhores e dos quais é revendedora exclusiva na cidade. Ela conta que os motoristas de táxi vêm e acabam com seus caramelos Le Roux, e que turistas japoneses passam faxes com artigos de revista nos quais ela aparece. Ela fala a cem por hora e é tão artista quanto conhecedora de chocolates. Ela pode falar sobre *pralinê*s por horas – e vai falar, se você não tomar cuidado. Olhei para o relógio quando ela parou para respirar e fiquei chocada ao ver que já haviam se passado trinta minutos. Foi pena que só consegui entender uma fração do que ela dizia.

Além da barreira da língua, minha cabeça estava começando a girar com tantas opções. Na mesa dos Bernachon, fiquei olhando para todos os sabores incríveis – expresso, laranja, avelã, passas ao rum – pensando em qual escolher. Mas era simples: deixei Denise fazer isso por mim. (E graças a Deus. Quando desembrulhei minha barra de chocolate com pasta de amêndoas e pistache no hotel, foi como devorar tonéis de cacau derretido em uma fábrica de chocolates. Delicioso até a última mordida. Entre os saborosos 62% de cacau e a textura crocante e adocicada da pasta de pistache siciliano, achei que tinha chegado ao paraíso dos chocolates.)

Na hora de escolher bombons, Denise também tinha muita personalidade. Depois de pensar com cuidado, escolhi seis da vitrine, mas ela tirou dois.

– Eh! – ela começou com um olhar de desdém. Era uma expressão com a qual iria me acostumar em Paris. – *Non, non* – ela balançou o dedo e apontou para outra travessa. – *Celui-ci? Ça, c'est le mieux*.

Ela queria ter certeza de que eu levaria o melhor, então terminei com uma seleção de todo o país – Grevey-Chambertin, Bourges, Lorraine – e de diversos mestres, incluindo Henri Le Roux (caramelo salgado), Bernard Dufoux (trufa de vinagre balsâmico) e mais de Bernachon *(noisette praliné)*. Mesmo com meu pacote impressionante, ainda havia tantos doces refinados que eu não levara, incluindo os famosos caramelos da Bretanha. Ela é uma mulher inteligente e cria motivos para você voltar.

Tudo isso nas primeiras seis horas do meu primeiro dia. Voltando pelo SoPi a partir do A l'Etoile d'Or, dessa vez sem perceber os bares de *peepshow* e os montes de turistas, eu brilhava por dentro. Tinha de mandar um e-mail para a Rachel e dizer que já estava experimentando bombons. Que tinha tido minha primeira aula em Paris – de uma chocófila maluca que fala rápido e usa saia escocesa. Parecia que minha vida em Paris seria um aprendizado muito delicioso.

Mais pontos de doces no mapa

Em Paris, você pode jogar uma trufa em qualquer direção e acertar um chocolatier *de renome internacional. (C'est dangereux!) A l'Etoile d'Or é ótima pois reúne vários tipos de chocolates franceses que são difíceis de conseguir, como as barrinhas Bernachon de Lyon e os bombons de Bernard Dufoux da Borgonha. Mas entre os meus chocolatiers preferidos na cidade, estão: Michel Chaudun, Michel Cluizel, Jacques Genin e – suspiro – Jean-Paul Hévin. (No 7º, 1º e 3º arrondissiment respectivamente).*

Nova York não se compara a Paris quando se trata de chocolatiers. Então fiquei especialmente chateada quando Rachel fechou a Bespoke em maio de 2011 (ainda bem que fiz algumas visitas para comer seus quadradinhos de manteiga de amendoim e mel e os caramelos com sal marinho cobertos com pretzel antes de fechar.) Apesar dessa grande perda, ainda existem diversos outros ótimos fabricantes artesanais de chocolate na cidade, como Rhonda Kave (Roni-Sue's Chocolates no Lower East Side), Lynda Stern (Bond Street Chocolates no East Village) e Kee Ling Tong (Kee's Chocolates no Soho).

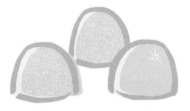

Capítulo 2

CUPCAKES
— O CONFORTO DE CASA

O que posso dizer sobre as minhas primeiras semanas em Paris? Elas. Foram. O. Paraíso. Sabia que não seria possível sustentar tal euforia - 36 anos de experiência me ensinaram que você sempre pode contar com uma queda brusca depois de um delicioso porre de açúcar. Então aproveitei cada segundo.

Depois de três semanas no hotel barato em Pigalle, que me dava tanto nojo a ponto de não eu deixar as cobertas tocarem o meu rosto ou encostar os pés descalços no carpete, estava feliz por finalmente me instalar no meu apartamento novo, ter minha nova rotina e minha vida nova. Tive mais sorte do que a maioria das pessoas. Não só vim a Paris viver meu sonho, como outra pessoa estava suportando as nuanças da burocracia francesa e pagando a conta em meu lugar. A agência me apresentou um corretor de imóveis que era tão esperto quanto qualquer corretor nova-iorquino e organizou uma maratona de um dia durante a qual visitamos 11 apartamentos.

"Operação casa dos sonhos", cantarolei enquanto passávamos de carro pela beira do Sena entupida de trânsito, no caminho entre o terceiro apartamento no

9º arrondissement – um daqueles bairros "em ascensão" no qual restaurantes da moda e jovens famílias estavam começando a se infiltrar – e o nosso próximo compromisso do outro lado da cidade no desejado *6º arrondissement*, o Upper East Side de Paris, se você preferir.

Eu conhecia o perfil dos bairros principalmente graças a Michael, um dos meus dois amigos em Paris. Havíamos nos conhecido em uma festa em Nova York, uma semana antes do meu Tour do Chocolate. Enquanto conversávamos em um apartamento gigante no Chelsea, com The Strokes e Hot Chip tocando tão alto que sacudia até a alma, me inclinei em direção a esse carinha que parecia o River Phoenix e que me contou que morava em Paris. Quando ele especificou que morava no Canal Saint-Martin, fiz com que ele prometesse me mostrar o bairro, que então não conhecia, na semana seguinte.

Uma semana mais tarde, eu estava olhando para as suas costas enquanto ele me levava em meu primeiro passeio com uma Vélib, guiando-me pelas pontes de ferro do canal e pelas eclusas encantadoras – de onde Amélie jogou pedrinhas, destaquei animada – até o plano e amplo Parc de la Villette para um piquenique. Era uma noite de verão super-romântica em Paris. Eram 8 h, mas o sol ainda estava no céu. Tomamos uma garrafa de rosé, comemos uma baguete perfeitamente crocante e um pedaço enorme e fedorento de camembert.

Mas não houve romance algum.

Nem cinco minutos depois que começamos nosso passeio de bicicleta, Michael começou a falar de suas aventuras com as mulheres da Galícia – código para "nem pense nisso, garota, tenho conquistas mais sofisticadas que você". Andando de bicicleta de volta para casa, estava decepcionada que esse encontro de conto de fadas tivesse se transformado em um encontro platônico. Mas no final das contas, um amigo, e não um caso, foi o resultado perfeito.

Durante todos aqueles meses durante os quais a agência me fez esperar pelo contrato e eu estava indecisa sobre a mudança para Paris, escrevia para Michael e ele me respondia imediatamente cheio de persuasão parisiense, além de dar informações enciclopédicas sobre a vida de expatriado. O 2º, o 12º e 11º são os *arrondissements* mais descolados para se morar, me contou. Eu mesma teria de separar o dinheiro dos impostos, pois na França eles são pagos à parte. "Não traga um DVD player norte-americano, compre um na França, com a voltagem correta e a tecnologia compatível." Todas as informações e dicas que ele compartilhou comigo me ajudaram a me sentir mais confiante em situações como essa: passear por aí com um corretor estrangeiro, tentando encontrar a casa perfeita. E sem dúvida, no final do dia, eu tinha reduzido as 11 opções para três e conseguido o meu favorito: um apartamento no 6º andar de um prédio sem elevador no *2º arrondissement*.

Paris é uma cidade de pequenas cidades, cada *quartier*, ou bairro, é um pequeno universo. O bairro para pedestres de Montorgueil no qual agora morava era, até onde sabia, um dos melhores da cidade – dinâmico, central e jovem. E o teto do meu novo apartamento, com vigas de madeira aparente e vistas do Pompidou ao sul, da Sacré-Coeur ao norte e centenas de tetos de zinco pontilhados de chaminés de terracota, era como se ele fosse minha pequena casa na árvore na cidade. Foi perfeito para mim e para o Milo.

O escritório da agência despertou a mesma empolgação de menina em mim. Em um *hôtel particulier* clássico bem na Champs Élysées, eu me sentava olhando para o famoso bulevar, sob tetos de quase cinco metros de altura pintados com afrescos de querubins gorduchos e senhoritas branquinhas, e candelabros pendentes. Quando meu chefe me mostrou o terraço que ficava na cobertura (sim, *um terraço na cobertura,* na Champs Élysées; esse era o meu novo *lugar de trabalho*), achei que ia bater com o nariz na torre Eiffel, de tão perto que ela estava.

Lembrando de como a Vélib havia sido eficiente – e divertida – no verão anterior durante o meu Tour do Chocolate, eu a usava para chegar ao trabalho todas as manhãs, em vez de usar o metrô. Esse sistema público de aluguel de bicicletas coloca à sua disposição mais de vinte mil bicicletas estacionadas em quiosques pela cidade, desde que você tenha uma assinatura diária, semanal ou anual. As bicicletas têm três velocidades, uma pequena buzina para avisar os pedestres descuidados que atravessam o seu caminho, e cestinhos de arame para colocar as sacolas – ou, se você é uma francesa superchique, seu maravilhoso jack-russell-terrier.

Eu montava em uma bicicleta na esquina da minha casa na árvore, passava entre os caminhões de entrega nas ruazinhas do bairro japonês e me juntava à cacofonia de motocicletas e fontes borbulhantes da Place de la Concorde, onde o rei Luis XVI foi guilhotinado há mais de duzentos anos.

A grandiosidade e a beleza da praça me chocavam todos os dias: o tamanho do monumento com o topo dourado, o magnífico domo do Les Invalides a distância, e, ainda mais longe, entre as árvores esculpidas, a Torre

Eiffel. Era como fazer parte de uma orquestra em movimento - meu coração acelerado e minhas pernas em movimento tentando acompanhar o ritmo de caminhões, ônibus, táxis, carros, motocicletas e pedestres serpenteando entre o trânsito.

Então continuava até a Avenue Gabriel e fazia uma homenagem silenciosa enquanto pedalava diante da embaixada dos Estados Unidos e a residência do presidente Sarkozy, admirava as senhoras passeando pelas calçadas do elegante *8º arrondissement*, e assim terminava minha viagem. Estacionava a Vélib no quiosque mais próximo do escritório, que por acaso ficava ao lado de um grande salão de chá histórico com alguns dos melhores bolos e *macarons* da cidade: o Ladurée.

Duas manhãs por semana, eu ia para o escritório mais cedo para encontrar Josephine, minha professora de francês, contratada pela agência. Com sua eterna dedicação, as bochechas rosadas e o cheiro de talco, ela lembrava minha professora da 3ª série, a senhorita Dickus. Ou talvez fosse apenas porque me sentia como uma garotinha de escola, tendo aulas novamente. O escritório estava sempre tranquilo às 8h30, a não ser pelo aspirador da equipe de limpeza, e dispúnhamos de noventa minutos de conversação e lições de gramática - bom, menos os quinze minutos que Josephine sepre reservava para reclamar sobre o clima, o metrô, estar trabalhando demais ou uma combinação das três coisas.

Por mais que estivesse com muita vontade de aprender francês - sempre fazia minha lição de casa e prestava atenção às aulas perfeitamente planejadas pela Josephine -, logo descobri que línguas não são o meu forte. Mas mesmo assim, fiz o que pude e comecei a preparar uma lista de gírias úteis, que recolhia entre os colegas e os sites sobre moda, que eram quase tão essenciais quanto o *passé composé* e os verbos em "er", "ir" e "re". Aprendi palavras e expressões como *ça marche* (pode ser, ou, tudo bem para mim) e *ça craint* (isso é uma droga); *hautes talons* (sapato de salto alto) e *baskets* (tênis da moda); *malin* (esperto ou descolado) e *putain* (puta, literalmente, mas que é usada como expressão de frustração, medo ou assombro). Aprendi que os franceses gostam de *manger les mots*, criando abreviações como "bon app" para "bon appétit", "d'acc" em lugar de "d'accord", e "restô" em vez de "restaurant". Depois de passar anos no piloto automático, agora eu aprendia uma coisa nova a cada dia.

Era incrível como minha vida parecia cinematograficamente perfeita. A coisa toda parecia um clichê, até mesmo para mim. Ali estava eu, na capital mundial da moda, trabalhando com uma das marcas de luxo mais reconhecidas e bem-sucedidas do mundo. Um dia, enquanto dava uma volta na loja conceito da Louis Vuitton na Champs Élysées – parte da minha obrigação profissional, pelo amor de Deus – tive literalmente que me beliscar. Isso era verdade? Por que eu estava ali? Como de repente morava em Paris, entre vestidos de gala de dois mil euros e barras de chocolate com 98% de cacau? Era o destino? Eu não tinha as respostas, mas sorri abobalhada, perdidamente apaixonada pelo mundo inteiro.

Por mais sorridente que eu estivesse, meu entusiasmo não era contagiante.

– *Avez-vous du pain complét ce soir?* – perguntei certa noite, ao dar um pulinho na "minha" *boulangerie* para pegar um pouco de pão integral. Claro que a madame rechonchuda de óculos atrás do balcão já me conhecia, não? Eu frequentava a padaria havia semanas, demonstrando não apenas a minha lealdade ao seu negócio como minha admiração pela cultura francesa. A cada visita, pedia um tipo diferente de pão: um *boule au levain* redondo e rústico; um *pain bûcheron*, sovado e assado até a crosta atingir a perfeição; a *baguette aux céréales* com sua deliciosa mistura de gergelim, sementes de girassol, milhete e papoula. Era minha obrigação compreender a abundância de delícias francesas.

–*Non, madame.* – Expressão indiferente. Ela continuava inflexível. E daí se eu comia trigo integral? Ainda era une *étrangère* aos olhos dela, não uma francesa. Por alguns instantes, eu me senti derrotada pela sua indiferença. Juntamente com outras barreiras causadas pela minha inabilidade em decifrar as formas de depósito bancário, os rótulos de leite no supermercado, os processos (ou falta de) no escritório, e, em geral, o que diabos todo mundo estava me dizendo, uma pane repentina em meio à minha felicidade estava começando a dar sinais cada vez mais frequentes. Passava das 7 h da noite e as prateleiras estavam praticamente vazias.

Eu tinha um novo vício por pão que precisava saciar *tout de suite*. De repente, como se meu anjo da guarda e o Houdini estivessem conspirando na cozinha, um jovem coberto de farinha saiu de trás de uma cortina com uma cesta cilíndrica cheia de baguetes frescas. Meu sorriso voltou.

– *Pas grave* – declarei. – *Un demi-baguette, s'il vou plait*!

A mulher tirou um dos espécimes dourados da cesta – o homem desapareceu atrás da cortina de onde tinha surgido de maneira mágica – cortou-o em dois, e colocou uma metade em um saco de papel – uma *demi-baguette* perfeita para uma solteira.

– *Avec ceci?* – ela perguntou daquele jeito francês cantarolante, enfatizando o "ce" e especialmente o "ci", observando através da sua armação. Eles sempre cutucavam um pouco mais.

– *Non, c'est tout* – respondi feliz por essa pequena troca que me fez sentir, quase, como se estivesse em casa. Peguei o troco que ela depositou sobre o balcão e dei meia-volta. – *Merci, madame*! – bradei, enunciando cuidadosamente cada sílaba como boa estudante de francês que era.

– *Merci à vous* – ela respondeu, a *politesse* francesa correndo solta. – *Bonne soirée*.

Na calçada, no ar úmido de abril, meu sorriso apareceu novamente. Através do fino papel da padaria, podia sentir o calor da baguete, o que a tornava irresistivelmente macia na minha mão. Tinha decidido que aquele era um dos presentes de Deus para o mundo: pão francês recém-saído do forno. De jeito nenhum eu ia esperar até chegar na minha casa na árvore para saboreá-lo. Parti um pedaço da baguete, deixando uma trilha de migalhas atrás de mim, e o mastiguei com prazer. A casca resistiu por um momento e então a parte externa crocante revelou o interior denso e esponjoso. Como quatro ingredientes simples – farinha, água, fermento e sal – podiam produzir algo tão extraordinário? Parei na calçada, semicerrando os olhos conforme eu mastigava bem lentamente, saboreando a baguete.

Abri os olhos e uma garota fumando do lado de fora de um bar olhava para mim. Eu estava fascinada com as mulheres francesas, mais que pelos homens magros e efeminados, e apaixonava-me como uma adolescente todos os dias. Os lábios delas estavam sempre perfeitamente pintados de magenta ou vermelho tomate. O delineador era ao mesmo tempo retrô e moderno, como o da Brigitte Bardot. Os cabelos sempre estavam perfeitamente bagunçados, como se tivessem acabado de sair da cama. Elas eram *sexies*, estilosas e lindas. Sentia-me incrivelmente sem graça com meu cabelo castanho e a maquiagem *au naturel* – os dois eram bonitos, mas não mudaram desde o dia que me formei na faculdade. Sempre que estava perto de uma *jolie femme*, podia ouvir Edith Wharton sussurrando no meu ouvido, "Comparada com as mulheres da França, a mulher comum americana ainda está no jardim da infância." *Touché*, Edith.

A garota do lado de fora do bar estava com o uniforme parisiense: jeans justos, enfiados em uma bota de cano curto, casaco de couro pendurado sobre o corpo magro e um lenço de tamanho exagerado, que, assim como o cabelo, estava arrumado de maneira descuidada e ao mesmo tempo estudada. Sorri. Senti uma ligação momentânea entre nós, ela me olhando e eu olhando para ela, duas garotas do mundo e nada mais. Mas ela simplesmente deu uma longa tragada em seu cigarro, jogou-o na sarjeta e revirou os olhos sutilmente antes de desaparecer dentro do bar. Paris era descolada; aparentemente, eu não.

Na verdade, eu sabia que não era. Edith Wharton não era a única coisa que eu andava lendo. Estava mergulhada em todos os temas sobre como viver e se adaptar à França e de repente me lembrei de uma informação importante. Nos Estados Unidos, todo mundo sorri para estranhos – os vizinhos, a caixa do supermercado, o guarda que está lhe dando uma multa de excesso de velocidade – como um gesto amigável e pacificador. Na França, as únicas pessoas que sorriem para estranhos são as que têm problemas mentais.

Achei essa informação tão ridícula e engraçada, e se eu servisse de exemplo, aparentemente verdadeira. Gargalhei alto e continue pela rua com a minha baguete, certamente aparentando estar "emocionada".

Por mais americana que eu parecesse por fora, com meu enorme sorriso bobo, estava começando a entender – com uma compreensão profunda, até a medula – o gosto dos franceses pela comida.

Ninguém no escritório se dignava a almoçar em suas mesas como tínhamos o hábito de fazer em Nova York. Pequenos grupos de colegas saíam e comiam juntos. Um grupinho de mulheres de 20 e poucos anos comia o almoço que trazia de casa na cozinha do escritório, enquanto a maioria saía para comer nos cafés das redondezas. Tentei não me importar com o fato de não ter ninguém com quem almoçar, e rapidamente aprendi "a não comer na rua", quando um de meus colegas me pegou fazendo isso – um verdadeiro *faux pas* para os parisienses, sempre tão formais. Assim, aproveitava o horário do almoço para explorar o bairro.

Os escritórios ficavam vazios e as butiques fechavam entre as 12h e 14h, enquanto as calçadas, as *boulangeries* e os bistrôs ganhavam vida. Os franceses têm grande prazer em fazer compras para cozinhar todos os dias. O horário das refeições era sagrado. A comida era celebrada. Ela não era proibida ou uma inimiga contra a qual os franceses precisassem de carteirinhas de academia, dietas à base de sopa de repolho ou pós e pílulas mágicas (apesar de ter minhas suspeitas sobre as francesas e os laxantes).

Mais que isso, havia lojas inteiras dedicadas a alimentos específicos: homens atarracados e barrigudos em galochas e jalecos brancos ficavam do lado de fora das *poissonneries*, mesmo nas épocas mais frias, exibindo meia dúzia de diferentes variedades de ostras, enquanto outras butiques ofereciam pilhas de latinhas coloridas e atraentes de *foie gras*. Nas tardes de domingo, havia tanta gente na fila das *fromageries, boulangeries e boucheries* que comecei a brincar de contar as pessoas. Era maravilhoso apreciar aquelas famílias se abastecendo para o grande *repas* de domingo, fazendo as compras no mesmo dia da refeição, em pequenos negócios de bairro.

Nos Estados Unidos, nós enchemos um grande carrinho uma vez por semana em um supermercado e então colocamos os alimentos embalados na despensa até a memória ou a fome chamar por eles. Fresco, local e delicioso, não eram as chamadas do marketing em Nova York.

Antes de escolher meu apartamento, eu não tinha entendido direito por que Michael estava tão empolgado com o *2º arrondissement*. Minhas visitas anteriores a Paris tinham me dado a impressão de que ele era um bairro mais comercial e turístico que residencial e charmoso. Mas logo descobri que ele era uma das grandes mecas gastronômicas da cidade, ancorado nas quatro quadras de calçadão para pedestres da rue Montorgueil. Pelas minhas contas, ali havia duas lojas de queijos (*fromageries*); quatro mercados (*marchés*); quatro açougues (*boucheries*), um dos quais dedicado às aves (*un rotisserie*); um mercado de peixes (*poissonerie*); quatro butiques de chocolate (*chocolateries*); uma sorveteria (*un glacier*); seis padarias (*boulangeries*); quatro lojas de vinhos (*caves au vin*); uma loja de especialidades italianas; e um mercado gigante cheio de pilhas de especiarias, frutas secas, nozes e grãos que eram esculpidos em montes arredondados e vendidos por peso. Havia até uma loja que vendia apenas azeite. E isso tudo era intercalado por, no mínimo, uma dúzia de cafés, mais duas floriculturas (*fleuristes*), e miríades de *tabacs*, onde senhores compravam seus bilhetes de loteria e bebiam cerveja com seus cachorros e os vizinhos.

Caminhar por aquele pedaço do paraíso gastronômico que agora era meu bairro, o que eu fazia pelo menos uma vez por dia, despertava meus sentidos: legumes, verduras e frutas – pilhas enormes de alcachofras salpicadas de roxo e pirâmides de tangerinas atraentes e brilhantes – eram exibidas como se fossem esculturas cinéticas, mudando de formato conforme o dia passava e o estoque diminuía. A pungência dos queijos maduros e fedorentos concorria com o cheiro das saborosas gotas de gordura que caíam nas travessas com batatas descascadas logo abaixo dos frangos, que assavam em espetos. E ainda que eu não comesse carne vermelha havia mais de dez anos, gastava tempo xeretando as *charcuteries*, maravilhando-me com as espirais de linguiças e travessas de patê, e com a linda maneira como eram exibidas. Os alimentos eram tratados com tanto respeito que eu não tinha outra opção a não ser me ajoelhar diante deles. Era glorioso.

E ainda havia as *pâtisseries* e as *boulangeries*. Embora eu tivesse chegado a Paris com o nome de apenas dois amigos anotados em um pedaço de papel, dispunha de uma lista de duas páginas cuidadosamente pesquisada e organizada das *pâtisseries* que deveria experimentar. Comecei a trabalhar imediatamente.

Em poucas semanas, tinha explorado todas as *boulangeries* e *pâtisseries* perto de casa e logo fiquei obcecada com o *pain aux raisins* da Stohrer. Depois descobri que a Stohrer não era apenas a padaria mais bonita e charmosa da rue Montorgueil, ela também tinha raízes ilustres, pois fora inaugurada pelo *pâtissier* real do rei Luis XV, Nicolas Stohrer, em 1730.

Nunca tinha me interessado por *pain aux raisins* antes, pois sempre preferi um *pain au chocolat* delicioso e cremoso, um *croissant* retangular que reveste duas *batonettes* de chocolate, a algo com simples passas. Mas, certa manhã, quando vi os caracóis de massa crocante, generosamente recheados com *crème pâtissière* e crivados de passas que pareciam especialmente fofinhas e convidativas, resolvi experimentar. Ele ainda estava um pouco morno. Era mais doce do que eu esperava. Fiquei apaixonada.

Inspirada, fui a outras *boulangeries* e *pâtisseries* na cidade. Em Montmartre, ficava a Les Petits Mitrons, uma doceria cor-de-rosa, pequena e fofa, especializada em tortas: chocolate com nozes, chocolate com pera, maçã com pêra, chocolate puro, maçã pura, damasco, pêssego, ruibarbo, figo, *fruits-rouges*, creme de morango, frutas mistas e assim por diante. Dali, aventurei-me para o leste até o único outro bairro da cidade com ladeiras, Belleville, em busca do melhor *croissant* de Paris.

Enquanto pedalava pelo bairro operário a caminho da La Flute Gana, uma *boulangerie* sobre a qual tinha lido, eu fui tomada de repente por uma sensação de felicidade, pois me lembrei do meu filme francês favorito: *As Bicicletas de Belleville*. A imagem daquelas três mulheres malucas, animadas, estalando os dedos, balançando seus *derrières* e cantando sobre o palco me trouxeram uma felicidade enorme, comparável à que senti quando cheguei à *boulangerie* e mordi meu tão esperado *croissant*: um milhão de finas camadas de delicada massa amanteigada, enroladas e assadas juntas até atingirem uma perfeição macia e crocante.

Minhas explorações açucaradas continuaram desse jeito durante todos os finais de semana. Na parte comercial e afetada da rue Saint-Honoré, deliciei-me com o Choco Passion de Jean-Paul Hévin, um delicioso bolo de nozes com frutas, sobre uma base crocante e esfarelada, *ganache* de chocolate amargo e musse de chocolate coberto com maracujá azedo. No Marais, um bairro também conhecido por suas raízes judaicas, pelo orgulho gay e pelas lojas fantásticas, experimentei a suculenta e herbácea torta de ruibarbo com alecrim do Pain de Sucre. Descobri que a maravilhosa loja de chocolates e doces perdida no tempo com 248 anos de idade no *9º arrondissement,* A la Mère de Famille, vendia anéis de abacaxi desidratado, uma iguaria pela qual era obcecada havia trinta anos (não pergunte, acho que tem a ver com a textura). E comecei a desenvolver uma nova queda por doces de goma Haribo, disponíveis apenas em um supermercado velho e caindo aos pedaços.

Enquanto atravessava o Jardim de Luxemburgo, no qual começavam a despontar brotos da primavera, com a barriga cheia de *ganache* sabor *matcha* da doceria japonesa próxima, a Sadaharu Aoki, raciocinei que caçar doces era uma ótima maneira de conhecer minha nova cidade. Mas conforme continuei a passear de Vélib e a comer doces parisienses, ninguém poderia ficar mais surpreso do que eu ao descobrir que, no momento, os *cupcakes* estavam derrubando a Bastilha.

Acho que podemos dizer que, por volta de 2007 ou 2008, os *cupcakes* ocuparam o lugar da torta de maçã como o típico doce americano. E eu testemunhei em primeira mão sua ascensão ao estrelato doce.

Quando me mudei para a cidade, em 2001, a tendência estava apenas começando. Naquela época, eu também vivia o meu ápice. Tinha quase 30 anos, estava empolgada e esperançosa com relação ao futuro. Depois de passar meus 20 anos em São Francisco, grande parte deles em um relacionamento de sete anos com quem acabou não sendo "o cara", e com uma carreira em publicidade na qual sempre me senti perseguida pelo desejo de escrever para revistas femininas, tinha voltado a buscar meus sonhos. Havia provado para mim mesma que podia ser uma redatora publicitária. Agora queria ser uma escritora nova-iorquina, que assinasse matérias no Times e almoçasse no Union Square Café. O mundo era uma ostra na qual eu podia encontrar uma pérola a qualquer momento. Mas como não gosto de iguarias salgadas, considerava que o mundo era o meu *cupcake*: doce e convidativo, familiar e ao mesmo tempo novo, cheio de prazeres, mas na medida certa. E justo quando achava que havia experimentado todas as possibilidades – bolo amarelo com cobertura de chocolate, chocolate com creme de baunilha, *cupcake* de creme de amendoim – uma nova loja de *cupcakes* abria e havia um novo e inspirado cardápio para eu provar.

Enquanto trilhava meu próprio caminho entre os *cupcakes*, Carrie Bradshaw e Miranda Hobbes fizerem o mundo inteiro entrar na onda desses bolinhos. Assim que essas duas começaram a abocanhar *cupcakes* com cobertura cor-de-rosa, tricotando sobre Aidan, na 3ª temporada de *Sex and the City*, os minibolos se tornaram inevitáveis. E a Magnolia Bakery, a locação do doce momento, deixou de ser modestamente bem-sucedida para ser loucamente conhecida, e depois dividir opiniões e receber insultos.

A Magnolia foi inaugurada em julho de 1996 por duas amigas, Allysa Torey e Jennifer Appel. Em uma esquina tranquila do West Village, elas lançaram um conceito genial: doces à moda antiga – bolos de três camadas com coberturas perfeitas, tortas recém-assadas polvilhadas com canela, *brownies* cremosos e quadradinhos de torta de limão – servidos em um espaço adorável e limpo, que poderia ser a cozinha da Betty Crocker. Mas quando o negócio azedou, o mesmo aconteceu com a amizade. Três anos depois de abrir, elas se separaram, Allysa ficou à frente da padaria original, e Jennifer mudou de bairro para abrir a Buttercup, uma padaria com praticamente o mesmo cardápio e o mesmo visual. As duas faziam lindos *cupcakes* em cores pastel aos montes, e a cidade devorava todos.

A Buttercup, provavelmente por causa da localização pouco charmosa, saiu-se razoavelmente bem, mas a Magnolia foi um sucesso. Quanto mais conhecida ficava, mais as pessoas adoravam odiá-la. Os funcionários eram infames e impertinentes. As filas, que eram tão longas que saíam pela porta e viravam a esquina, começaram a incomodar os vizinhos. Então os ônibus do tour do *Sex and the City* chegaram e deixaram todos de cabelos em pé. A padaria e seus *cupcakes* tornaram-se sinônimos das aspirantes a Carrie Bradshaw que passeavam sobre sapatos de salto alto e sem se importar na frente de qual casa iam deixar cair as forminhas de papel vazias com restos de cobertura.

As pessoas condenavam os *cupcakes* ou os desejavam, era uma questão de amor e ódio. Os sabores eram comuns – o amarelo comum, chocolate e *red velvet*, e normalmente saborosos – mas as coberturas faziam todo mundo enlouquecer: superaçucaradas, em cores pastel, salpicadas com confeitos de cores vibrantes e espirais em abundância. Esses minibolos tornaram-se o acessório indispensável do centro da cidade, tão na moda quanto as camisetas e as moedeiras do Marc Jacobs que estavam invadindo as ruas.

Enquanto isso, outras lojas de *cupcakes* surgiam por toda Manhattan. Uma réplica quase idêntica da Magnolia apareceu em Chelsea, quando um ex-gerente da padaria pulou do barco para abrir a sua, a Billy's (a que AJ e eu frequentávamos). Dois empregados da Buttercup também se aventuraram no centro da cidade, no Lower East Side, e abriram a Sugar Sweet Sunshine, ampliando o cardápio para novos sabores, como o Lemom Yummy, bolo de limão com glacê de limão, e o Ooey Gooey, bolo de chocolate com cobertura de chocolate com amêndoas. De-li-ci-o-so.

Outras padarias optaram por abordagens próprias. Uma equipe de marido e mulher abriu a Crumbs, provedora de monstros do tamanho de bolas de beisebol com quinhentas calorias, em sabores ultrajantes como torta de nozes com chocolate e Coffee Toffee, cobertos com lascas de balas e pedacinhos de biscoitos. Também havia os *minicupcakes* em sabores malucos como panqueca com pedaços de chocolate e creme de amendoim com geleia da Baked da Melissa, e a linha mais gourmet da Kumquat, como o de limão e lavanda e o *maple-bacon*.

Confeiteiros-chefes consagrados também entraram na dança. Depois de abrir a ChikaLicious, o primeiro *dessert bar*, Chika Tillman abriu uma loja para viagem do outro lado da rua que oferecia *cupcakes* de chocolate Valrhona cobertos com glacê d e manteiga. E Pichet Ong, ex-aprendiz de Jean-Georges Vongerichten e astro dos *dessert bars* e das padarias, atraiu legiões de fãs fiéis – mas ninguém mais que eu mesma – para sua padaria no West Village, a Batch, com o *cupcake* de cenoura com caramelo salgado.

Em 2009, dúzias de padarias disputavam o título de melhor *cupcake* de Nova York. Havia literalmente centenas de sabores, tamanhos e estilos; eles eram vendidos com diferentes filosofias, e às vezes até havia regras (só seis cupcackes para você, senhorita!). Será que a cidade conseguia aguentar mais açúcar? A crise dos *cupcakes* era inevitável, apesar de ela ter demorado a acontecer muito mais do que eu esperava.

Já fazia quase dois meses que eu havia chegado a Paris. Ainda não tinha passado por uma crise monumental de açúcar, apesar de estar começando a me sentir um pouco esquizofrênica. Em um minuto, estava empolgadíssima dançando chachachá na minha casa da árvore e, no minuto seguinte, estava xingando os seis lances de escada que levavam até lá. Depois de um dia durante o qual não era capaz de abrir o meu grande sorriso americano, se alguém fosse rude comigo, meu queixo começava a tremer de mágoa. O que me levou à dúvida, o que me levou a me sentir como uma menina de 7 anos ignorada no parquinho, destinada a nunca se adaptar. Brigava comigo mesma: "Acorde! Deixe disso! Você está vivendo seu sonho, não tem o direito de ficar triste ou sentir pena de si mesma!"

Mas depois de dois meses longe de casa, minha confiança estava vacilando diante de tantas mudanças e desafios. Era uma mistura doce-salgada de empolgação e terror. Alegria e consternação. Vertigem e solidão. Eu já tinha me esborrachado uma vez, depois de voar por cima do guidão de uma Vélib. E, em uma tarde de sábado, depois de cair da escada em uma butique, ter passado a maior vergonha, ralado o joelho e, o pior de tudo, estragado meus sapatos de salto do Robert Clergerie novinhos, corri para casa, com a confiança destruída, mas disfarçada pela fachada durona. Liguei para a AJ.

– Alô? – uma voz sonolenta atendeu. Olhei para o relógio e só então fiz as contas. *Merde.* Eram 9 h da manhã em Nova York.

– Oi. Acordei você?

– Não, não – AJ bravamente respondeu do outro lado do oceano. – Não se preocupe. Como você está? – podia ouvi-la levantando da cama. Ela nunca ignoraria uma ligação minha. Apesar de eu contar com seu altruísmo, ele ainda me surpreendia.

– Hum... Estou bem... – comecei a desconversar, por alguma razão não queria dizer nada negativo sobre Paris ou sobre o fato de estar me sentindo vulnerável, apesar de terem sido esses os motivos da ligação.

– Aim, espere um pouco, só um segundo, desculpe – ouvi AJ cobrindo o telefone e uma conversa abafada em seguida. Hum..... ela não estava sozinha? Sabia que ela tinha começado a namorar alguém na época em que me mudei, mas eu ficaria surpresa se descobrisse que ele já estava dormindo na casa dela. Pensando bem, ela estava sendo bastante discreta a respeito dos homens ultimamente, o que, de acordo com o meu conhecimento sobre o seu comportamento de namoro, desenvolvido depois de duas décadas de experiência, significava que não era nada sério. Ela estaria mandando relatórios diários se fosse alguém sobre quem valesse a pena falar. No final das contas, eu estava errada.

– Quem era? – perguntei quando ela voltou para o telefone.

– Espere – e ouvi a porta fechar ao fundo. Um instante depois, ela me contou que era Mitchell, o mesmo cara com quem ela tinha começado a sair quando me mudei para Paris. E a coisa estava mesmo ficando séria. Na verdade, eles eram praticamente inseparáveis.

Fiquei, digamos chocada. O que pelo menos me distraiu do meu joelho que agora latejava. Eu nem lembrava do nome do cara e, pelo amor de Deus, de repente ele era importante na vida da minha melhor amiga?

– O que ele tem de diferente? O que vocês têm feito juntos? Qual é o lance? – perguntei rapidamente, como se estivesse fazendo uma entrevista para uma matéria.

– Bom, ele é incrível, sabe? Inteligente e engraçado. Ele é descolado. E ele é do Meio-Oeste, então temos muitos valores em comum, o que é cada vez mais importante para mim. – Conforme AJ continuava, parecia que tinha entrado numa fenda do espaço-tempo. "Espere um pouco", pensei. "Enquanto eu estava tentando decifrar minha TV a cabo na França, ela conheceu alguém engraçado e descolado com quem tem afinidades?"

Claro que eu também estava tendo um caso de amor – com uma cidade. Mas AJ estava apaixonada por um homem. Podia sentir em sua voz. E, ao mesmo tempo em que ficava feliz pela minha melhor amiga, também comecei a sentir pena de mim mesma. Depois de semanas fazendo tanto esforço para me ambientar, estava cansada. Frustrada. Sozinha e indecisa. Eu tinha o Michael e começara a fazer amizade com outra redatora da agência, mas não eram amigos para os quais eu pudesse ligar nesse estado vulnerável e abrir meu coração enquanto tomávamos drinques. Uma forte onda de estranhamento quase me derrubou quando desligamos o telefone. "O que estou fazendo aqui?" Olhei para minha casa na árvore e, de repente, ela me pareceu desconhecida. Decidi que eu precisava de um gostinho de casa, ainda que fosse mínimo.

Um pouco antes de eu chegar a Paris, duas irmãs – Rebecca e Maggie Bellity – abriram a Cupcakes & Co. no *11º arrondissement*. Elas tinham viajado pelos Estados Unidos e se inspiraram na tendência dos *cupcakes* que se espalhava pelo país. Quando voltaram a Paris no outono de 2008, inauguraram o que na época era a única loja de *cupcakes* da cidade, criando fama não apenas por vender essas estranhas iguarias estrangeiras mas também por usar ingredientes naturais e orgânicos, outra forte tendência gastronômica. Enquanto passava com a Vélib pelas ruelas desconhecidas atrás da Bastille, procurando esse lugarzinho sobre o qual tinha lido a respeito, estava muito ansiosa. Seus *cupcakes* seriam tão bons quanto os americanos?

Quando cheguei, o sol da tarde invadia a vitrine até a única mesa. O espaço era minúsculo. Mas o cardápio, não. Já era difícil escolher entre cinco ou dez sabores, o número que a maioria das lojas nova-iorquinas oferecia. Mas a Cupcakes & Co. tinha mais de vinte variedades, e todas pareciam divinas; café e avelã, sementes de papoula com cobertura de *cream cheese* de laranja, bolo de baunilha e bourbon com figos glaciados e pinoli. Miam, e minha nova palavra favorita me veio à mente – o equivalente em francês para "nham".

Fiquei lá parada como uma turista americana perdida, cruzando as informações entre as descrições no quadro-negro e as lindas criações em exposição na vitrine. Havia palavras desconhecidas – como "*fondant chocolat*" e "*ganache au beurre*" – que arquivei para futura referência. Com o rosto tenso de concentração, foi uma tortura tomar essa importante decisão. Ao mesmo tempo em que sabia que um novo *cupcake* me transportaria momentaneamente de volta a Nova York, a conexão era mais profunda e distante do que essa. Ele me levaria de volta a quando eu era uma menina esquisita da 3ª série, sozinha no mundo pela primeira vez.

  Eu tinha 8 anos quando meus pais se divorciaram e mamãe levou meu irmão mais velho, Chris, e eu da nossa casa em Hartford, Connecticut, para o litoral, onde ela havia crescido. Quando deixei meus amigos da vizinhança, e nossa grande e velha casa, chorei com o coração partido, sem acreditar no que estava acontecendo. O que faria sem minhas duas melhores amigas que moravam na casa ao lado? E como ia viver sem o enorme pinheiro do lado de fora da janela do meu quarto? Quem iria comigo à vendinha comprar chicletes de morango e barrinhas de Whatchamacallits? Agora, quando o ônibus amarelo me deixava na porta de casa depois da escola, tinha de destrancar a porta da frente com a minha própria chave, cuja presença no meu bolso da frente eu não esquecia nem por um minuto. Eu era uma criança que ficava sozinha em casa. Pela primeira vez na vida, me senti solitária.
  Mas se a casa estava vazia todos os dias quando eu voltava da escola, pelo menos a gaveta da cozinha estava sempre cheia. Devil Dogs e Twinkies, Ho Hos e Chocodiles, Chips Ahoy e Nutter Butters, Oreos e Fudge Stripes, Scooter Pies e Pinwheels, doces Entenmann e de Pillsbury, *brownies* e bolinhos, bolo de chocolate e de cenoura, tortas

Linzer e de cereja, bolo para o café e donuts com geleia, jujubas e barrinhas de alcaçuz, balas e minhoquinhas de goma, M&Ms e barras de cereais com chocolate, Kit Kats e Twix, sorvete e picolés, Fruit Loops e Cinnamon Toast Crunch, Pepperidge Farm e Keebler, Hostess e Drake's, Mars e Cadbury...

Durante todos os anos depois do divórcio, havia um desfile colorido de doces fingindo ser minha companhia. Como não ser seduzida e não os amar? Eles nunca me decepcionaram. Tinham o poder mágico de me consolar e de me alegrar. Tornavam a vida festiva e divertida. Em especial um *cupcake* da Hostess recheado de creme.

Abrir a embalagem de celofane daqueles *cupcakes* era como desembrulhar um pequeno presente. Ele me proporcionava uma distração extasiada – apesar de momentânea – da minha vida chata e vazia. Com o movimento pendular e solitário entre mamãe e papai, que Chris e eu visitávamos a cada 15 dias, eu merecia aquelas pequenas delícias, droga! Primeiro me concentrava na cobertura, descascava a camada brilhante sobre o bolo de uma tacada só, dobrava-a ao meio, e saboreava sua textura macia e arenosa. Então vinha a explosão açucarada do creme do recheio. Eu fazia cada *cupcake* durar por oito ou nove mordidas deliciosas. Apesar de sempre termos doces em casa, o dinheiro era curto e não podíamos gastar muito. Se eu devorasse uma caixa inteira de *cupcakes*, não teria nada para o dia seguinte. Ou para o dia depois dele. Eu sabia racionar meus *cupcakes* da Hostess, para sempre ter um sabor de conforto, mesmo quando o dinheiro, a atenção e a esperança eram escassos.

Até hoje, um *cupcake* pode fazer com que eu sinta que o mundo está em ordem.

Quanto mais eu analisava o cardápio da Cupcake & Co., mais minhas papilas gustativas ficavam aguçadas. Ainda melhor que fazer meu estômago se contorcer de ansiedade, foi meu ânimo começar a melhorar. Finalmente, senti que estava pronta para tomar uma decisão: escolhi o Sheherazade, uma combinação que soava irresistível de bolo de pistache com cobertura de *cream cheese* e recheio de framboesa, com pistaches moídos e uma framboesa perfeita por cima. Sempre adorei framboesas, mas desde que chegara a Paris tinha uma recém-descoberta paixão por pistaches, que faziam parte de muitas sobremesas e doces deliciosos, tanto inteiros quanto moídos com açúcar na forma de um delicioso marzipã.

Sentindo que estava chamando a atenção na pequena padaria, agradeci à moça e levei meu doce para o parque do outro lado da rua. O centro da praça era repleto de arbustos e árvores, então escolhi um dos três caminhos estreitos que o cortavam e atravessei para o outro lado, onde sentei em um banco debaixo de uma cerejeira em flor. Quase não havia ninguém dividindo o parque comigo – apenas uma mulher negra lendo o jornal e um senhor de gravata, preso a uma máquina de oxigênio, aproveitando o dia. Observei meu espécime parisiense. O papel era mais duro do que nos Estados Unidos; era mais um copinho com uma aba grossa que uma forminha de papel. Mas fora isso, com sua abundante cobertura em espiral e os pedaços de pistache salpicados por cima, poderia ser de qualquer uma das melhores lojas de Nova York. "Aqui vamos nós", pensei.

Mordi meu primeiro *cupcake* parisiense. O bolo era úmido. O recheio de framboesa era uma geleia brilhante. A cobertura era espessa – mas não demais – e mais salgada que doce, o *cream cheese* acrescentava o toque exato de acidez. Dei a segunda mordida e a terceira. Era uma combinação de sabores, texturas e surpresas deliciosamente inesquecível. Fui tomada por uma sensação de alívio.

Então lá estava eu novamente, sozinha. Mas dessa vez, em Paris. Tinha sido um longo caminho entre aquela garotinha solitária de 8 anos e uma novata em Nova York tentando encontrar o seu caminho. Tinha muito a agradecer e ainda mais a esperar. Quase trinta anos depois de começar meu caso de amor com os *cupcakes*, estava sentada desconstruindo um pequeno pedaço de bolo, surpresa pelo fato de ele ainda conseguir despertar tanta paz, felicidade e a crença de que tudo ficaria bem.

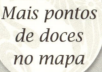

Mais pontos de doces no mapa

Os nova-iorquinos são contraditórios. Mesmo quando estão com a boca cheia de pedaços de bolo do tamanho de uma bola de tênis envoltos em cobertura de cream cheese, supostamente todos já estão cansados dos cupcakes. Mesmo assim, ainda é possível encontrá-los praticamente em todas as quadras. Além da Magnolia, da Buttercup, da Billy's e da Sugar Sweet Sunshine, cujos repertórios são bastante similares, confira no East Village: Butter Lane, Cowgirl's Baking, The Spot e Tu-Lu's; no West Village: Out of the Kitchen e Sweet Revenge; no Lower East Side: Babycakes; no Soho: Baked by Melissa; em Chelsea: Lulu; e no Upper East Side: Two Little Red Hens. Ou simplesmente fique parado na esquina que eles acabam chegando até você – os carrinhos de cupcake, como o CupCake Stop, agora também estão por todo lado.

Paris fica muito atrás? Duvido. Quanto mais tempo morei lá, mais os cupcakes brotavam como mato. Além da Cupcake & Co., há a Berko, uma padaria francesa ao estilo americano com filiais nos bairros turísticos do Marrais e de Montmartre, e que serve sabores circenses como banana e Nutella, torta de maçã e Oreo. Do outro lado da cidade, em Saint-Germain, a Synie's Cupcakes pega a via mais elegante com ganache de chocolate, gengibre com limão, e doce de leite com sal marinho. Os cupcakes estão até mesmo se infiltrando nas padarias tradicionais (como a Moulin de la Vierge no 7º arrondissement), nas sorveterias (Il Gelato em Saint-Germain) e em lanchonetes anglo-americanas (H.A.N.D. no 1º). Vai dar uma festa ou está simplesmente com gula? A Sugar Daze e a Sweet Pea Baking são dois padeiros americanos que há anos fornecem delícias com cobertura para os parisienses e que entregam com prazer cupcakes por encomenda.

Capítulo 3

CHOCOLATE QUENTE QUE GRUDA NOS DENTES

Se você conhecesse a vida social hiperativa que deixei em Nova York, nunca diria que sempre fui muito introvertida. Depois do divórcio dos meus pais, passei a maior parte do tempo sozinha. Se Chris e eu não estávamos jogados no sofá, assistindo aos episódios sucessivos de *A Família Sol-Lá-Si-Dó* ou horas de vídeos do Billy Idol, Go-go's e Bananarama num canal de TV recém-lançado chamado MTV, eu me trancava no quarto e focava na minha nova paixão: escrever diários e poesia. Fiquei boa em me esconder dentro da minha cabeça.

Depois de anos na ativa em Nova York, estava novamente saboreando a paz e a solidão em Paris; vivia um relacionamento *comigo mesma*. Podia assistir ao *Top Chef* por horas (e, com muita frequência, fazia exatamente isso), sentar sozinha em um café quentinho com um romance suculento ou sair com uma Vélib para uma missão de reconhecimento de doces quando quisesse. Ter tanta liberdade era quase tão sedutor quando a cidade em si.

Tendo passado dois meses como estrangeira, sem *happy hours* depois do trabalho, sem encontros de amigas para tomar drinques, sem conversas deliciosas, sem primeiros encontros excitantes e sem ser capaz de soltar o verbo – em *inglês* – encontrava-me praticamente a ponto de explodir com os pensamentos, observações, alegrias e frustrações que não podia expressar. Estava ansiosa por conversar e ter companhia. Quando os amigos e os parentes começaram a fazer planos para me visitar, quase chorei de alívio.

Sabia que o final de semana de meninas que estava planejando com AJ e nossas outras três melhores amigas ia ser brilhante. Desde o tempo dos permanentes ruins e dos jeans lavados, AJ, Julie, Elisa e Meredith eram minhas irmãs de alma. Todas tínhamos feito o colegial na mesma escola duas décadas antes. Passamos juntas pelos primeiros encontros e pelos corações partidos, pelos exames para tirar carteira de motorista e pelas provas de história. Quando cada uma foi para um estado diferente depois da escola, trocamos despedidas cheias de lágrimas e fitas com músicas de Cat Stevens, Van Morrison e Indigo Girls. Muitos anos e quilômetros depois, éramos tão próximas – e bregas – quanto no começo.

Meredith, Julie e Elisa eram casadas e tinham dois filhos cada. Mas, por incrível que seja, isso não as impediadedeixarosmaridosincumbidosdascriançasporum final de semana prolongado por ano para que pudéssemos nos reunir. Fazíamos questão de passar finais de semanas juntas sempre que podíamos, e minha vida em Paris era a desculpa perfeita para uma fugidinha.

Mas enquanto eu pesquisava bons restaurantes e bares para o final de semana com as meninas, minha mãe e meu padrasto se tornaram minhas primeiras visitas em Paris. Meu irmão Chris e sua família viviam a duas horas ao norte de Londres, onde ele trabalhava para uma empresa de consultoria britânica. Agora que eu estava em Paris, essa era a desculpa perfeita para mamãe e Bob – dois típicos americanos conservadores – visitarem os netos em uma capital europeia antes de seguirem viagem para outra. Então no começo da manhã de uma sexta-feira do final de abril, em vez de pegar uma Vélib para ir trabalhar, peguei o metrô e desci quatro estações depois, na Gare du Nord, para esperar pelos meus primeiros visitantes.

Como era a hora do *rush*, a estação estava cheia de pessoas a caminho do trabalho, viajantes e... pombos. As pessoas falam dos campos minados de cocô de cachorro em Paris e avisam sobre os batedores de carteira no metrô, mas nunca falam uma palavra sobre como os pombos são malucos. Toda vez que sentava em um banco de praça ou no terraço de um café, essas criaturas imundas não faziam cerimônia para pular aos meus pés e dar rasantes perto da minha cabeça. Quando estava de bicicleta, elas bancavam as heroínas, desafiando-me a atropelá-las antes de levantar voo com suas asas sujas no último minuto, fazendo com que eu perdesse o equilíbrio sobre duas rodas. Elas até me bombardeavam. Os pombos parisienses, eu estava descobrindo, eram os mais implacáveis e irritantes do mundo.

Havia montes deles agora, o que me dava frio na espinha enquanto eu andava de um lado para o outro entre as plataformas de chegada. Queria bater palmas e espantá-los na estação de trem aberta, mas a ideia de todas aquelas asas sujas voando perto da minha cabeça detiveram meu impulso infantil. Em vez disso, revi mentalmente o roteiro dos quatro dias seguintes, com um olho atento no relógio gigante e outro cauteloso nos ratos voadores.

E então, em meio ao mar de europeus elegantes desembarcando do Eurostar, eu os vi. Mamãe, que é superbaixinha, parecia ainda menor caminhando com seu cardigã comprido, o xale em volta dos ombros e a bolsa de tamanho exagerado. Ao lado dela, Bob, que poderia representar o irmão de Kris Kringle com seu barrigão, a barba grisalha e os olhos azuis, deixava mamãe e a maioria das pessoas ao seu redor ainda menores. Normalmente, eu ficaria envergonhada com o excesso de acenos, risinhos e outras demonstrações de americanismo, mas conforme eles se apressavam pela plataforma, minha mãe pulando como se fosse uma menina de 6 anos, isso simplesmente me deixou feliz. Na verdade, percebi que estava engolindo um nó na garganta.

Eles nunca tinham atravessado o oceano antes. Suas férias típicas, que eram poucas e espaçadas, normalmente se resumiam a dirigir por oito horas desde sua casa no oeste do Estado de Nova York para me visitar em Manhattan ou visitar outros familiares em Connecticut. E como eles eram devotos da Fox News, eu sabia que abandonar o solo americano (especialmente para ir à França, *zut alors!*) os deixava um pouco mais que ansiosos. Eles haviam voado milhares de quilômetros até um território estrangeiro, trocado de avião, lidado com a segurança e passado pela alfândega. Eles não só fizeram tudo isso como, depois de visitar o Chris em Londres, simplesmente atravessaram sozinhos o túnel até Paris. Estava muito orgulhosa deles.

– Ohhhhh, meu amor – gritou mamãe, galopando para me envolver num abraço. Apesar de eu ter 12 centímetros e 9 quilos a mais que ela, não havia outra pessoa cujos braços podiam fazer com que eu me sentisse mais segura.

– Oi, Aim – disse o Bob, usando uma camisa vermelha da Izod por baixo da sua jaqueta de náilon, juntando-se ao abraço. Ah, lar! Aconchego! Amor! Na Gare du Nord em Paris. Foi algo fantasticamente surreal.

Por mais que ficasse aliviada por eles terem conseguido fazer as viagens internacionais, esse não era o fim da minha ansiedade. Estaria mentindo se dissesse que não me sentia nervosa com a ideia de explorar Paris com eles. Onde moram, eles pegam o carro para percorrer 800 metros para buscar um litro de leite, e almoçar fora é considerado um passeio importante. Eles não teriam um colapso depois de uma hora caminhando? Precisariam descansar a cada cinco minutos? Vi que calçavam tênis novos da moda; será que também usariam – horror dos horrores – mochilas engraçadas?

Mas era mais que a questão física. Achei que tinha muito a provar durante essa viagem. Tê-los aqui me tornava superconsciente da minha ligação com Paris. Sentia essa estranha sensação de propriedade – como se eu fosse pessoalmente responsável por tudo, desde o clima ruim até a magia do Sena ao pôr do sol. Sentia uma mistura de orgulho e medo: atordoada e protetora – ansiava por dividir tudo com esses dois viajantes inexperientes, mas também tinha a compulsão de dizer que era tudo meu. Esse lugar lindo era um mistério para eles, mas era o meu mundo agora.

Queria mostrar a eles, em especial à minha mãe, que Paris era o *meu lugar*. Apesar de ela ter suportado de cabeça erguida o fato de sua única filha se mudar para o exterior em uma idade na qual deveria estar esperando seus netos, eu sabia que isso tinha sido doloroso para ela. Ela nunca diria qualquer coisa para fazer com que eu me sentisse culpada. Na verdade, mamãe nunca disse uma palavra sobre mim e sobre minhas escolhas que não fosse de apoio. Ela era minha maior torcedora. Ainda assim, sabia que ela amava seus netos, meu sobrinho e minha sobrinha adoráveis, de paixão e queria mais netos. Ela queria que tivesse filhos para que eu passasse por toda aquela experiência da gravidez e da maternidade e soubesse como era ser mãe. E eu, por outro lado, precisava que ela compreendesse como me sentia em Paris. Por que eu continuava a voltar para essa cidade. Por que ela corria no meu sangue. Paris nunca me deixou esquecer a beleza, a magia e o assombro que senti quando, ainda universitária, tinha conhecido essa cidade, 16 anos antes. Agora era o momento de justificar o meu amor.

- Uau. - Estávamos nos arrastando pelos seis lances de escada até a minha casa na árvore. Não sabia se o comentário da minha mãe era a expressão do seu mais absoluto choque com a escadaria íngreme e sinuosa, ou se ela apenas estava sem fôlego para dizer qualquer outra coisa. Seis lances não era brincadeira, e me senti um pouco mal, arrastando-os escada acima. Mas eu também tinha um carinho especial e masoquista pela minha escalada diária - à qual, junto com a Vélib, eu atribuía o fato do meu traseiro ter permanecido mais ou menos do mesmo tamanho desde que chegara, apesar da comilança regular.

Enquanto isso, Bob, carregando as malas, tinha que parar a cada andar para pegar fôlego, respirar e rir daquela loucura. Isso certamente exigia bem mais que usar o controle para abrir a garagem e estacionar a centímetros da entrada de casa. Quando chegamos ao fim da escada e colocamos as malas no chão, nenhum de nós tinha vontade de dar meia volta. Mas havia uma cidade do lado de fora – uma cidade inteira, linda, romântica e maravilhosamente deliciosa – esperando para ser explorada. Então mostrei a eles rapidamente as vistas para o Pompidou e para a Sacré-Coeur, que causaram mais "uaus"; eles deram um pouco de amor americano para o Milo, que demonstrou certa felicidade ronronando; então saímos juntos para acolher Paris.

– *Ohmygod*, é lindo. – Minha mãe já estava procurando sua câmera.

– Meu Deus, mamãe, isso é lixo legitimamente parisiense. – Estávamos indo da rue Montorgueil em direção ao Sena, e ela fotografava o Les Halles. Há algumas décadas, teria valido a pena tirar uma foto, com certeza. Um dia ele fora o mercado central da cidade, onde, por baixo das estruturas de vidro e ferro, peixeiros, açougueiros e agricultores de todo o país se reuniam para vender seus produtos. Agora era um detestável amontoado de lojas com fachadas em neon, no qual adolescentes barulhentos e agressivos descem vindos em massa dos *banlieues*, os subúrbios, usando a estação do RER subterrânea. – Sei que você quer tirar fotos, mas guarde a memória da sua máquina, confie em mim – disse a ela. E então, dez minutos depois: – Está vendo o que eu quis dizer? Isso vale o seu dinheiro.

Havíamos chegado ao Sena e apontei para onde o bordado de aço da torre Eiffel se erguia a 81 andares sobre os telhados parisienses. Era brega, mas ver aquela silhueta pontuda nunca deixou de fazer meu coração palpitar. Fiquei feliz ao perceber que ela tinha o mesmo efeito sobre mamãe e o Bob.

Depois de uma sessão de fotos, continuamos nosso passeio. Fomos ao *marché aux fleurs* na Île de la Cité, o centro geográfico da cidade, e apreciamos as lavandas, os buquês de ranunculus e as pequenas oliveiras em vasos de terracota. Passamos pelas banquinhas verdes de livros ao longo das margens do Sena e pelas fileiras de lojas de suvenires oferecendo ímãs, aventais, camisetas e copinhos de vidro idênticos. Do lado de fora da Notre Dame, inclinamos o pescoço para ver as famosas gárgulas e admirar os portais góticos esculpidos, enquanto os emocionantes sinos batiam ao meio-dia. Passeamos pela rue Saint-Louis-en-Île na Île Saint-Louis, olhando as vitrines nas quais tudo, de queijos de cabra em formato de pirâmide e cobertos por cinzas até lenços de seda dobrados, era tão arrumado que parecia fazer parte de uma exposição de arte. Foi uma emoção guiá-los pela cidade e vê-los ficarem mudos diante de tanta beleza. E depois de todo aquele tempo que havia devotado para me tornar uma moradora local, era divertido brincar de turista.

Atravessamos para a margem esquerda, passamos pela Sorbonne, pelas livrarias gigantes e pelas lojas de material para *camping*. Paramos em um pequeno café e pedimos um almoço feito de saladas, omeletes e frango assado que estavam no cardápio escrito no quadro-negro. E, depois de passar lentamente pelas ruas de Saint-Germain cheias de pedestres, admirando as mulheres chiques francesas que, por sua vez, admiravam as vitrines de Yves Saint Laurent, Sonia Rykiel e L'Artisan Parfumeur, chegamos ao Jardim de Luxemburgo, onde magnólias, cornisos e lilases estavam em flor. Os extensos gramados brilhavam de tão verdes, inaugurando a primavera de maneira especialmente vívida. Crianças incrivelmente fofas andavam em burrinhos e senhores sérios jogavam bolas de metal – *pétanque*, expliquei para mamãe e Bob – uma espécie de boliche na grama, preferido por quem é "das antigas".

A essa hora, já estava ficando tarde. Havíamos percorrido vários quilômetros sem que mamãe ou Bob dessem um pio sobre pernas cansadas ou bolhas nos pés. Por precaução, perguntei se eles queriam voltar de metrô. *Mais non!* Eles queriam ver mais. Eles estavam caindo, comecei a perceber – caindo de amores por Paris.

Então, em outro café que parecia cenário de um filme, demoramo-nos tomando *trois crèmes*, a coisa mais parecida com os gigantes cafés com leite americanos, normalmente reservados apenas para o café da manhã. Mas precisávamos recuperar as forças para voltar para casa e eu não ia deixar o protocolo francês nos atrasar, não em um dia glorioso como esse. Fortalecidos, cruzamos de volta o Sena pela ponte para pedestres, le Pont des Arts, por causa do seu charme e de sua vista. "Ali está a torre Eiffel novamente", mostrei a eles. "E que prédio enorme é aquele? É o Louvre!" Mamãe e Bob giravam sobre si mesmos, absorvendo tudo com os olhos arregalados. "E olhe, bem ali, essa é a ponta da Île de la Cité onde estivemos mais cedo. E olhe a perfeição daquele chorão na ponta da ilha". Juntei-me a seus devaneios. Aquela árvore solitária sempre acabou comigo.

Em apenas sete horas, mamãe e Bob haviam vistos vários monumentos clássicos de Paris. Eu sabia que fora um grande dia. Ainda assim, só na hora do jantar é que descobri o quão profundamente eles haviam ficado tocados.

Estávamos todos bastante cansados quando voltamos para a casa na árvore e decidimos comer sanduíches, em vez de jantar em um restaurante. Então mamãe e eu deixamos Bob cuidando de Milo, e descemos mais uma vez aqueles seis lances de escada para comprar as coisas para o jantar.

Eu gostava tanto de fazer compras na rue Montorgueil que muitas vezes levava para casa mais comida – fatias de *tourtes* de espinafre com queijo de cabra, vidros de mel de lavanda e geleia de cereja, minúsculos morangos colhidos à mão, *fraises au bois* – do que uma pessoa sozinha poderia comer. Agora pelo menos eu tinha uma desculpa para encher minha sacola de pano.

– Não tem um cheiro incrível? – perguntei assim que atravessamos a porta da minha *boulangerie* favorita. Mamãe, parada na porta, agarrada à sua bolsa, apenas balançou a cabeça enquanto enchia os pulmões com o ar quente e fermentado, e seus olhos tinham uma luz que não me lembrava de ter visto antes. Com uma baguete fresquinha em mãos, fomos para a *épicerie* italiana, onde, entre a ampla oferta de pimentões vermelhos mergulhados em azeite, raviólis frescos polvilhados com farinha e pilhas e pilhas de *salumi, soppressata* e *saucisson*, escolhemos algumas fatias finas de *jambon blanc* e um pouco de mozarela cremosa. Na padaria artesanal de Eric Kayser, levamos um bom tempo para escolher três bolos diferentes entre as fileiras de tortas de limão, bombas de chocolate e o que eu estava começando a reconhecer como os clássicos franceses: *gâteaux* estonteantes com nomes como Saint-Honoré, Paris-Brest e Opéra. *Voilà*, de uma hora para outra, tínhamos o jantar e a sobremesa. Voltamos para a casa na árvore – os seis irritantes lances de escada ainda estavam lá – e nos arrumamos para nosso modesto jantar *chez-moi*.

Mamãe colocou a mesa com os pratos brancos trincados e guardanapos de linho passados. Eu arrumei os condimentos – mostarda Maille Dijon, ácida e granulada com sementes multicoloridas; maionese orgânica do meu supermercado "bio"; e azeite Nicolas Alziari em uma linda lata azul e amarela – e os observei. Eles cortaram a baguete ao meio, cuja textura ficava entre crocante e massuda, e a rechearam com fatias de presunto e porções de mostarda. Eu fiz um sanduíche com mozarela fresca, temperei com azeite e polvilhei sal e pimenta. Momentos depois, nos sentamos e começamos a comer.

– Ah, meu Deus! – exclamou Bob. Houve uma pausa para esperarmos que ele terminasse de mastigar. – Por que os americanos não conseguem fazer pão desse jeito? O que são aquelas coisas que eles chamam de "baguete francesa" por lá? – Ele examinava seu sanduíche sem acreditar. – Aquilo não é uma baguete! Elas não são assim! – Deu outra mordida. Meu sanduíche também estava crocante por fora e macio por dentro. - Meu Deus, acho que nunca comi nada como isso antes. É incrível.

Mamãe balançou a cabeça concordando, mas em menos de dois minutos, ela tinha já tinha devorado metade do seu sanduíche. Quanto mais comíamos, mais devagar mamãe e Bob prosseguiam, como se quisessem prolongar aqueles sabores simples e perfeitos.

Então passamos para o nosso prato preferido, a sobremesa. Enquanto eu cortava os pequenos *gâteaux* que haviam sido a terceira escolha na Eric Kayser, cada um de nós fez uma dancinha empolgada em seus lugares. As duas primeiras tortas quadradas, pistache com framboesa e pera com toranja, foram montadas sobre farelos grossos e úmidos de biscoito amanteigado, sendo que a única diferença entre elas era o lindo recheio de marzipã da fatia de pistache com framboesa. O terceiro bolo era uma criação fantástica com chocolate amargo que incluía camadas de , mousse e *ganache*. Mamãe comeu um pedaço de bolo de pistache com framboesa e colocou o garfo no prato. Era quase como se ela estivesse enojada, só que exatamente o contrário.

- E agora isso - ela declarou -, é delicioso. O tom de sua voz exprimia um desprezo pouco disfarçado por todas as sobremesas que já havíamos comido nos Estados Unidos. Todos os bolos de chocolate, as tortas de maçã e as cucas de framboesa - naquele instante, todos eles eram imitações baratas do que uma sobremesa deveria ser. Comecei a rir da reação da mamãe, e o Bob me acompanhou. Então, com toda a seriedade, voltamos à sobremesa. Houve mais silêncios atordoados, mais olhares incrédulos. Mais comida dos deuses. Aquilo, eu estava descobrindo, era uma das minhas coisas prediletas em Paris.

Nos dias seguintes, mamãe e Bob se tornaram soldados. Marchamos de Saint-Germain para o Marais, da Bastille até Montmartre. Subimos a torre Eiffel e caminhamos pela Champs Élysées. Da igreja monumental no *8º arrondissement,* La Madeleine, caminhamos para leste até o charme silencioso dos jardins do Palais-Royal. Experimentamos doces matutinos na Stohrer, *gâteux* da tarde na Ladurée, e tudo o que nos deu vontade nas inúmeras padarias de bairro que encontrávamos pelo caminho. No último dia da visita, enfrentamos o que todo viajante teme: a chuva. Havia apenas uma coisa a fazer, e isso era ir ao Louvre.

O que se pode dizer sobre o Louvre? Até aquele dia, eu já tinha passado oito meses da minha vida em Paris e fui ao museu de arte mais visitado do mundo exatamente uma vez: em um passeio noturno, bêbada com minhas amigas da faculdade, quando brincamos de maneira irresponsável nas fontes em torno da pirâmide de vidro de I. M. Pei. Essa visita com mamãe e Bob foi um pouco mais digna.

Nós três estávamos preparados para ficar impressionados, mas mesmo assim, subestimamos a magnificência do museu. Seu tamanho e abrangência eram incompreensíveis, com tetos repletos de afrescos flutuando a 30 metros das nossas cabeças, e corredores e alas intermináveis que se estendiam eternamente antes de levarem a mais corredores e alas. E havia a arte: telas do tamanho de trailers do Alabama e esculturas de todos os deuses e mortais da história. Havia pinturas do Rococó francês e da Renascença italiana, esculturas da Grécia Antiga e arte decorativa do Egito, e pinturas do Barroco holandês, flamengas, islâmicas, etruscas, helênicas, romanas, persas... Havia o enorme quadro de 1563, *Bodas de Canaã*, mostrando um banquete um pouco maior e mais abundante do que os que tivemos naquele final de semana e, claro, a *Mona Lisa*, cercada por multidões de turistas apontando suas câmeras digitais para o sorriso ambíguo.

Mas, para mim, não havia nada mais impressionante que a *Vitória de Samotrácia*. Conforme nos aproximamos da deusa Nice, subindo cada degrau da escadaria Darú, sua beleza se escancarou para nós. As asas abertas, o vestido esvoaçante, o movimento para frente – eram graciosos e ao mesmo tempo poderosos; havia tanta emoção esculpida naquele mármore gelado. Fiquei dando voltas ao redor dela, observando-a da esquerda, da direita e depois de frente. Meu coração estava acelerado e meus braços arrepiados. Normalmente não fico tão emocionada com arte, mas aquela escultura me amoleceu. Impressionados a não poder mais, mamãe, Bob e eu decidimos que era hora do que sabíamos fazer melhor: uma pausa para os doces.

Como nos encontrávamos no *1º arrondissement* e o dia estivesse horrível, e conhecendo mamãe e Bob como os conhecia, havia apenas um lugar para ir: o Angelina. Esse centenário salão de chá – ou *salon du thé* –, na rue de Rivoli, é uma clássica armadilha para turistas. Mas tem seu charme. O interior em estilo Belle-Époque criado pelo arquiteto Édouard-Jean Niermans ainda evoca a elegância das décadas do passado, quando figuras como Coco Chanel e Audrey Hepburn – não desengonçadas como nós, em nossos tênis e roupas contra a chuva – paravam ali para tomar chá. Ele foi fundado, em 1903, pelo confeiteiro austríaco Antoine Rumpelmayer e recebeu o nome de sua nora. Toda a atmosfera parece opulenta com molduras folheadas a ouro, pequenas mesas em pedestal com tampos de mármore e paisagens pastorais refletidas em espelhos arredondados pendurados pela sala, tudo isso banhado por um brilho quente e dourado. E, é claro, há o mundialmente famoso *chocolat chaud*.

Um líquido pode ser considerado uma sobremesa de verdade? *Oui*, no caso raro de ser alto tão refinado quando o *chocolat à l'ancienne, dit "l'Africain"*, marca registrada do Angelina. Ele é tão obscenamente espesso e vergonhosamente saboroso que é ainda melhor que os goles no chocolate quente de Swiss Miss que eu saboreava, quando criança, juntamente com aqueles *mini marshmallows* (depois de brincar com o trenó em um dia gelado de inverno).

O chocolate quente do Angelina é tão cremoso e aveludado que cada gole recobre a língua e os dentes de maneira sensual. É refinado e prazeroso; é uma receita simples, mas a experiência é sofisticada. Ele chega em uma bandeja de prata, servido na temperatura correta – perfeitamente morno, e não pelando de quente – acompanhado de chantili esculpido em um montinho decorativo. Uma maneira decadente de consumir a sua cota de chocolate do dia. É um chocolate quente que vale o preço da passagem de avião até Paris.

– Ele me lembra do chocolate quente do Jacques – minha mãe disse, soprando elegantemente sua delicada xícara branca.

O rosto de Bob, vermelho por causa da bebida quente, abriu-se em um sorriso.

– Ahh, mannn-teiga! – exclamou com um agudo que doeu nos meus ouvidos e fez a mesa de meninas de Harajuku ao lado nos olharem assustadas. Assim que fiz contato visual, elas se viraram e começaram a dar risadinhas entre si. O restante era uma mistura de americanos e alemães, com apenas algumas *grande dames* francesas.

– Manteiga nunca é demais! – ele estava fazendo sua imitação da Julia Child cozinhando com o Jacques Pepin. Os dois mestres são famosos por terem tido conversas divertidas em sua série de TV, *Julia and Jacques Cooking at Home*, e mamãe e Bob sempre rolavam de rir quando se lembravam da estranha e charmosa dinâmica do par e o imitavam. Eles adoravam seus programas de culinária.

– Sim, mas estou falando de outro Jacques – minha mãe disse, em tom irônico, apesar de ter achado engraçado.

– Eu seeei – Bob respondeu, sem desistir. Uma garçonete que, mesmo com o vestido preto formal e avental branco, parecia desarrumada, passou por nós apressada e lançou um olhar de desaprovação. Mas até eu estava tendo dificuldades para ficar séria. – Mas gosto de falar sobre... a.. mannn-teiga!

Enquanto Bob continuava a se divertir com a imitação ridícula da Julia Child, mamãe e eu começamos a nos lembrar do "outro" Jacques: o Jacques Torres.

Fizéramos a peregrinação até a butique original do Jacques Torres no bairro industrial de Dumbo no Brooklyn anos atrás. Pensando bem, nossas aventuras naquela semana em Paris não eram muito diferentes das que tivéramos juntos em Nova York. Nós costumávamos montar um itinerário incluindo algumas docerias que queríamos conhecer – lugares sobre os quais mamãe ouvira falar na Food Network ou novas padarias que eu queria experimentar para a minha coluna "Sweet Freak". Explorações anteriores haviam nos levado até a Doughnut Plant, no Lower East Side, atrás de donuts quadrados cobertos com creme de amendoim e recheados com geleia de amora. Havíamos ido até o Crumbs para comer *cupcakes* cobertos de doces com 500 calorias cada. E, ainda no Upper West Side, visitáramos o Alice's Tea Cup para experimentar os *scones* de banana com *butterscotch* milagrosamente úmidos. Mas mamãe e Bob eram tão chocólatras quanto eu, e a visita ao Jacques Torres fora memorável por mais de uma razão.

  Dumbo, Down Under the Manhattan Bridge Overpass, não era um bairro ao qual eu os levaria normalmente. Costumávamos ficar confinados nas áreas bem iluminadas e limpas de Nova York: Central Park, Soho, Grand Central. No Soho, as ruas de paralelepípedos são repletas de turistas europeus prósperos. No Dumbo, elas estão cheias de garrafas de vodca vazias e cocô de cachorro. No centro, as casas de pedra calcária brilham. Aqui, um depósito de tijolos aparente, lindo porém abandonado, estava coberto de grafites e vômito. O metrô chacoalhava sobre nossas cabeças, os trens indo ou voltando da ponte de Manhattan, e não havia uma alma viva ali. Mamãe e Bob fingiram que estava tudo bem, mas acho que todos nós respiramos um pouco aliviados quando entramos no refúgio de chocolate de Jacques.

Jacques é francês e, aos 26 anos, foi o *chef* mais jovem a ganhar o renomado prêmio Meilleur Ouvrier de France, a maior honraria possível na confeitaria francesa. Então ele se mudou para os Estados Unidos, onde trabalhou como confeiteiro-chefe do Ritz, em Rancho Mirage, Califórnia, e em Atlanta, na Geórgia. Então ele realmente construiu uma reputação como *chef pâtissier* executivo no mais aclamado restaurante nova-iorquino, o Le Cirque, que também ajudara a lançar as carreiras de Daniel Boulud, David Bouley, Bill Telepan e muitos outros. Em algum momento, Jacques ganhou o apelido muito americano de Mr. Chocolate, e finalmente realizou o sonho de abrir seu próprio negócio de chocolate em 2000 – a butique na qual nos encontrávamos naquele dia de inverno ensolarado e frio.

Depois da paisagem inóspita do lado de fora, era como entrar em um útero quentinho e convidativo – aquele que envolve com aroma do chocolate e encoraja a ir em frente, se deliciar! "A vida é curta. Coma a sobremesa primeiro!" Paredes de tijolos aparentes e o teto de latão indicavam que, em outra vida, aquele espaço havia sido um depósito, mas sua atual "encarnação" era iluminada e moderna. As prateleiras estavam lotadas de guloseimas em embalagens marrom e laranja: salgadinhos cobertos com chocolate, cereais cobertos com chocolate, uvas-passas e *pretzels* cobertos com chocolate e grãos de café. Bolinhas de chocolate maltado, amêndoas com chocolate e barras de chocolate gigantes de um quilo, chamadas "Big Daddy". Havia pipoca caramelada, pés-de-moleque, misturas para *cookies* de chocolate e potes com chocolate em lascas para que você pudesse tentar fazer o chocolate quente superdenso de Jacques em casa – todas as coisas com a quais um obcecado por chocolate pudesse sonhar estavam empilhadas naquele pequeno espaço.

Um balcão em L tinha todos os tipos de tentações frescas e feitas à mão: uma proliferação de bombons individuais com nomes engraçadinhos como Wicked Fun (*ganache* de chocolate com ancho e *chipotle*), Love Buge (*ganache* de limão com chocolate branco) e Ménage à Trois (uma mistura misteriosa de três ingredientes). Travessas de *cookies* com gotas de chocolate e *brownies* molinhos. E havia os *croissants* amanteigados e o *pain au chocolat*, que concorria em popularidade com a padaria francesa do outro lado da rua, a Almondine.

Mas fôramos até lá por causa do chocolate quente, então entramos na fila – porque apesar das ruas vazias do lado de fora, muitos turistas, vários deles europeus, também haviam encontrado o caminho a partir das ruas lotadas de Manhattan até o Mr. Chocolate. Bob conseguira pegar uma das duas únicas mesas de mármore colocadas no minúsculo espaço da loja, enquanto mamãe e eu pedíamos três chocolates quentes e os levamos até a mesa. Os copinhos de papel em que foram servidos não faziam jus à deliciosa bebida. O chocolate merecia as xícaras e os pires da porcelana mais refinada da França. Era cremoso, grosso e, *oui*, cheio de chocolate. Naquela época, concordamos que fora um dos melhores chocolates que já havíamos provado. Quem imaginaria que dali a alguns anos, os três estariam dando goles novamente em um chocolate quente incrivelmente delicioso, há milhares de quilômetros, em Paris?

Aquecidos pelo divino *chocolat chaud* do Angelina, cansados por causa da longa visita ao museu e dos dias passeando por Paris, ficamos sentados em um silêncio satisfeito. Repeti os comentários de mamãe e Bob durante a semana, que não eram exatamente tão engraçados quanto os de Jacques e Julia, mas tinham sua autenticidade e seu charme.

"Não sabia que era possível fazer tantas coisas com massa folhada."

"Não sabia que era possível fazer tantas coisas com chantili."

"Acho que nunca tirei uma foto da minha sobremesa antes."

"Não quero que isso acabe."

Sabia que a visita havia sido bem-sucedida. Não só porque mamãe e Bob tinham estado no alto da torre Eiffel à noite ou acendido velas na Notre Dame. Não só porque eles finalmente podiam dizer que visitaram o Louvre ou comeram uma baguete francesa de verdade. Não era nem por causa do chocolate quente delicioso e cremoso, dos bolos quebradiços ou da *viennoiserie* crocante que lhes arrancaram suspiros incrédulos. Bom, na verdade, talvez tenha sido por causa de todas essas coisas – mesmo que em parte.

Mas, sentados naquele salão de chá históri-co, ao mesmo tempo pomposo e relaxado, sabia que agora eles entendiam meu amor por Paris e porque eu tinha voltado para lá. Cada gole e cada mordida que compar-tilhamos na sua visita haviam sido uma introdução à minha nova vida. Eu estava revelando uma parte de mim que nunca conseguiria expressar em palavras. A visita ao Angelina havia sido agridoce para todos nós. Eles sabiam que eu pretendia ficar em Paris. Mas, ao mesmo tempo em que havia me mudado para milhares de quilômetros de distância, naquele momento, me senti mais perto de casa do que nunca.

Mais pontos de doces no mapa

A atitude domina Nova York. Todo mundo tem de ser selvagem, ultrajante, excessivo – qualquer coisa para ser diferente de todas as outras pessoas. E isso inclui nosso chocolate quente. Todo mês de fevereiro, por exemplo, Maury Rubin organiza o Hot Chocolate Festival na City Bakery e oferece um sabor especial a cada dia, como figo condimentado, bourbon e tropical. Ainda não experimentei todos os sabores, mas posso afirmar de coração que o chocolate quente clássico da City Bakery, servido o ano inteiro, é de outro mundo. Peça com a cobertura gigante de marshmallow caseiro para adoçá-lo ainda mais. O chocolate branco quente com murta, limão e lavanda do Vosges Haut-Chocolat no Soho é outro dos meus prediletos.

Eu realmente acho que o chocolate quente do Angelina é um sonho e o mais cremoso de Paris. Mas também nunca diria não a uma xícara no Jacques Genin no Marais ou no Les Deux Magots em Saint-Germain, ambos sensualmente espessos e versões deliciosas para o seu chocolate quente. Para beber algo que se assemelhe à aventura de sabores divertidos de Nova York, vá ao salão de chá que fica no segundo andar da loja de Jean-Paul Hévin e peça um chocolate quente de framboesa, matcha ou gengibre.

Capítulo 4

FAZENDO AMIZADE COM A VIENNOISERIE FRANCESA

Depois da visita de mamãe e Bob, minha vida social começou a ficar agitada. As meninas vieram e passamos quatro dias e noites fabulosos, comendo até não podermos mais, conversando sem parar e morrendo de rir. Ficamos deliciadas com o sol de primavera no jardim de Luxemburgo, passeamos de barco pelo Sena ao pôr do sol e sentamos em incontáveis cafés, comparando *café crèmes* e *croissants*, enquanto colocávamos a fofoca em dia. E apesar de termos avançado pouco no fronte dos restaurantes – porque ainda não conhecíamos os melhores lugares ou não sabíamos que é absolutamente necessário fazer reservas em Paris; quem aparece sem reserva raramente é aceito –, conseguimos fazer pelo menos uma refeição mágica no Chez Janou, um bistrô provençal no Marais.

Depois de passar horas explorando o bairro histórico, interrompendo as compras apenas uma vez para sentar na grama da praça perfeitamente simétrica, a Place des Vosges, andamos para o norte e encontramos por acaso esse restaurante bonitinho e colorido quase no final do horário do almoço. Sentadas numa mesa dos fundos, sorrindo umas para as outras, finalmente tivemos aquela sensação de "ahh, sim, essa é a refeição pela qual estávamos esperando".

Primeiro veio o pão rústico do campo com o sabor quase ácido da *sourdough*, servido com uma garrafa de azeite recém-prensado e um pequeno prato de azeitonas de sabor marcante. Saboreamos essas belezas do sul e bebericamos um rosé enquanto traçávamos a estratégia do nosso pedido – entre *ratatouilles*, pimentões recheados e robalos grelhados com pesto, dá para imaginar a abundância de sabores que estava diante de nós. Acabei pedindo um *brandade de morue*, um prato tradicional do sul da França que é um purê de bacalhau salgado, com a consistência de um purê de batatas, assado em uma terrina até atingir a perfeição deliciosa e amanteigada – foi algo completamente novo para as minhas papilas gustativas e extremamente delicioso. Todas estávamos apaixonadas pelos pratos e nem guardamos espaço para a sobremesa, mas mesmo assim, havia algo muito delicioso e perfeito a respeito de nós cinco sentadas juntas às quatro da tarde com o estômago cheio e um pouco altas por causa do vinho.

Mas o problema de receber visitas, descobri, era o silêncio ensurdecedor depois que elas partem. Estava em Paris havia vários meses e me acostumara a fazer incontáveis passeios solitários, sentir ataques de inveja quando passava pelos cafés com seus terraços lotados de amigos ruidosos e sem ter como me misturar a eles. Quando minhas amigas voltaram para os Estados Unidos, deixaram um vazio gigante. Mas felizmente, eu estava começando a fazer novos amigos desse lado do Atlântico.

"Nham...

... Um pão caseiro quentinho.

... Um folhado de maçã superquebradiço recheado com fruta de verdade.

... O surpreendente sabor de cominho em um pão de azeitonas."

Parece bom para você?"

Para alguém que havia estudado francês no colegial e na faculdade, em grupos e sozinha, com fitas-cassete e livros didáticos, e cuja fluência mesmo assim não passava da de uma menina de 3ª série, havia subestimado enormemente quanto tempo eu demoraria até me acertar com a língua. Apesar dos melhores esforços de Josephine, estava levando milênios para absorver o idioma.

Mas também não havia me passado pela cabeça que demoraria muito tempo para conhecer pessoas. Diferentemente das minhas patéticas habilidades linguísticas, fazer amigos sempre havia sido algo relativamente fácil para mim. Além das meninas do colegial, ainda tenho fortes laços com as minhas colegas de quarto da faculdade e com os amigos de São Francisco. Em empregos anteriores, sempre fizera amizade com os membros da minha equipe. Certamente, isso em parte tem a ver com a publicidade – uma indústria jovem, glamorosa, extenuante e que gosta de beber, na qual *happy hours* e festanças, intercaladas por serões e ocasionais noites em claro, oferecem as oportunidades perfeitas para fazer amigos – então, saí de cada agência com pelo menos um amigo para a vida toda. Mas não é assim em Paris.

Meus colegas na agência eram um grupo sofisticado e variado. Havia o Pat, o irlandês amigável como um filhote de labrador, que sempre pensava em voz alta e soltava gases em silêncio; e Lionel, o diretor de arte franco-vietnamita que fazia dupla comigo e usava saia escocesa e cabelo moicano, e que, apesar do seu visual *rock and roll*, era tão tímido e falava tão baixo que eu me sentia uma texana barulhenta de chapéu de caubói toda vez que falava com ele. Meu diretor de criação burguês e boêmio, Fred, que entrava e saía do escritório para frequentes passeios de *scooter* pela cidade para visitar clientes e ainda mais frequentes paradas para o cigarro, era legal. Mas raramente ele tinha tempo para parar e perguntar *ça va?*, e menos ainda como estava minha vida nessa cidade estrangeira. Havia dois funcionários "das antigas", que cheiravam a nicotina e café, e que sussurravam entre si pelos cantos, e um grupo de *hipsters* desalinhados que sempre aparentavam ter passado a noite no sofá. Todo o restante mais ou menos se misturava em um grande e hermético grupo de "colegas". Todos eram simpáticos. Mas, até aquele momento, não tinha me ligado a ninguém.

Até Isabelle, a outra redatora da conta da Louis Vuitton, chegar. Ela e eu começamos uma amizade em um episódio bastante feliz.

Estava sentada em minha mesa com o brilhante sol da tarde de primavera aquecendo minhas costas, tentando pensar em um nome inteligente e engraçado para a concorrência de filmes que estávamos lançando para a Louis

Vuitton – qualquer coisa que não fosse o nome que parecia ser criado por um recém-formado, "Destino: inspiração", sugerido pelo cliente – quando vi uma garota magra e alta com cabelo loiro e espetado se aproximar. Isabelle tinha um guarda-roupa pouco convencional – bandanas, sapatos de plataforma, braceletes que balançavam e ecoavam pela sala – que combinava com sua beleza peculiar e seu sorriso iluminado. "Coragem" era a palavra que me vinha à mente sempre que íamos juntas a reuniões. Ela era canadense, não francesa, o que significa que não era afetada a ponto de deixar de expressar seu entusiasmo com um sorriso aberto e uma piscadela conspiradora. Estávamos fazendo pequenas tentativas de criar uma amizade fora da nossa pequena equipe da Louis Vuitton, e sabia que gostava dela por um motivo que ia além do seu ar relaxado.

– *Bonjour, Amy* – ela falou devagar, de maneira tímida, cercada pelo sol que se esparramava. Colocou uma folha de papel na minha mesa e apontou para a lista de palavras com alimentos rascunhados ao lado delas. "Françoise, *croissants*; Veronique, *jus de fruits*; Gurvan, *baguette*." Ela estava organizando um "petit dej", um café da manhã em que cada um trazia uma coisa, para o departamento de criação, explicou, apontando para a lista de assinaturas em papel timbrado.

– *Peut-être tu peux apporter du brioche, ou Nutella ou quelquechose?* – ela perguntou, querendo saber se eu poderia contribuir. Eu não tinha certeza do que se tratava esse café da manhã de negócios; parecia muito mais casual do que eu estava acostumada no escritório. Mas logo fiquei animada com a ideia de pãezinhos doces e pasta de avelã.

– *Absolutement!* – respondi, já calculando que

o banquete delicioso iria começar em 18 ou 19 horas. – *Bonne idée* – sorri para ela antes de soletrar meu nome, parando e escrevendo *pain au chocolat* perto dele. – *J'apporte combien, tu pense?* – perguntei com meu francês primitivo e envergonhado. – *Douze? Quinze?*

Seus olhos verdes se arregalaram.

– *Non, non. Tout le monde apporte quelque-chose, donc, tu pourrais apporter just cinq ou six. Il y aura beaucoup!* – Dã. Que coisa pouco francesa. Meu primeiro instinto foi entupir a mesa com um exagero de comida, mas ela estava me dizendo que cinco ou seis eram suficientes. Claro que os franceses eram mais contidos. Mas, mesmo assim, o lado americano do meu cérebro calculou, trazer apenas meia dúzia de doces para a minha primeira festinha no escritório? Não parece um pouco mesquinho? Fiz uma anotação mental para trazer dez.

Minha postura deve ter mudado enquanto pensava sobre a enorme quantidade de *pan au chocolat* no meu futuro.

– *Tu aimes des viennoiserie?* – Isabelle perguntou, com um sorriso cúmplice, se eu gostava de doces. Percebi que essa era a minha primeira dose de conversa jogada fora no escritório. – *Connais-tu des bons boulangeries à Paris?* – E, se entendi direito, eu adorava o assunto da nossa conversa: docerias e padarias.

Claro que eu já estava repassando mentalmente minha planilha de confeitarias, pensando que esse café da manhã seria a ocasião perfeita para experimentar um dos *grandes classiques* como Lenôtre ou Fauchon. Que melhor jeito de impressionar, pensei, senão trazendo alguns dos melhores doces de Paris. Mas também havia uma pequena *boulangerie* de bairro perto do escritório cujos cheiros deliciosos que emanavam da porta dos fundos faziam meu estômago roncar todas as manhãs. Uma contribuição modesta, porém deliciosa, também seria apreciada.

– *Oui* – confessei. – *J'adore ve-ni... vien-va... venniseries...* – gaguejei. *Merde*, por que essa linda e importante palavra que resumia toda a família de doces macios para o café da manhã – *croissants* clássicos, *pain au chocolat, chausson aux pommes* – tinha de ser tão difícil a ponto de enrolar minha língua?

--Viê-nuá-se-rí? – Isabelle pronunciou, paciente e gentil como se fosse uma professora de jardim de infância.

-- Vien-ua... ven-uasries – tentei de novo. Nós duas rimos. Antes de continuar com nossas tarefas, Isabelle deve ter percebido que ela tinha uma louca por doces incurável nas mãos. Mais tarde naquele dia, ela me mandou um e-mail com um novo endereço para acrescentar à minha crescente lista de padarias imperdíveis em Paris:

Esses são alguns dos meus endereços favoritos para um domingo feliz (ou qualquer outro dia!)
Tudo é per-fei-to na Du Pain et Des Idées.
E se você ainda não conhece o parque de la Butte Chaumont, é muito agradável, e é bem perto da padaria, então você pode fazer um passeio bem bonito depois de um comer um pão gostoso ;)
Delicie-se!
... Desculpe pelo meu inglês terrível!
Isa :)

Ganhei o dia com o e-mail dela. Eu já sentia que ela me conhecia bem.

A partir daquela tarde, Isabelle – Isa – e eu nos tornamos verdadeiras *amies*. Depois do *petit dej*, ela organizou piqueniques no Jardim de Luxemburgo, com um banquete de saladas de cuscuz marroquino com temperos exóticos da África do Norte; fatias de melão cantalupe e morangos adocicados enfiados em palitos; rodinhas de camembert e pedaços de brie amanteigado que eram espalhados sobre baguetes fresquinhas e crocantes. Ela organizou visitas aos clubes de jazz alternativos onde casais elegantes se agarravam no escuro. E durante o trabalho, aconselhávamos uma à outra sobre línguas – ela queria praticar inglês tanto quanto eu precisava continuar a aprender francês – o que resultava em clássicas conversas em "*franglês*".

Um dia, eu tentei explicar a ela como estava animada por morar em Paris – *excited* com meu apartamento, *excited* com meu bairro, *excited* sobre meu emprego, a cidade e as viagens – e aprendi uma lição importante. "*Je suis três excitant*", declarei. Ela começou a rir de maneira incontrolável e então parou de repente, preocupada que eu fosse pensar que ela estava rindo de mim.

– Quando você diz "*excitée*", isso tem uma conotação sexual muito forte em francês – explicou, tentando pensar em uma alternativa. – Você pode dizer, *j'ai hâte* – ela pronunciava a frase enquanto eu ficava vermelha. – Significa... estou animada.

– *J'ai hâte* – repeti. Eu estava animada para parar de bancar a boba.

Mas Isa era uma das únicas pessoas com as quais nunca sentia vergonha de praticar – e, infelizmente, de estraçalhar – a língua. Por alguma razão, com o meu francês primário e seu inglês magro, conseguíamos nos entender. A gente se comunicava pelo olhar e pelo coração. Era uma daquelas ligações que pareciam fáceis, confortáveis e naturais – sensações que estavam ausentes desde a visita dos meus parentes e amigos. Estava feliz com essa nova amizade. Cada troca, terna e destemida, com a nossa mistureba de culturas e línguas, fazia com que eu me sentisse mais conectada, mais normal. *"Tu vois?"*, disse para o Milo em uma noite perfeita na casa da árvore depois de ter ido almoçar com Isa e um grupo de amigos. "Fazer amigos em Paris é *trés facile*!"

Em junho, a agência deu uma enorme festa na cobertura para comemorar a *fête de la musique*, um feriado nacional criado com o único objetivo de festejar a música. Era uma tradição anual da agência abrir seu refinado terraço na cobertura duplex acima da Champs Élysées e contratar DJs para o feriado barulhento que caía no solstício de verão. O dia estava nublado desde cedo, mas o sol saiu por volta das 8 h da noite e as pessoas começaram a encher um terraço e depois o outro. Preparei-me psicologicamente para me misturar com os vips da agência e até consegui falar com um colega bonitinho que tinha visto no escritório.

Tropecei no francês, mas compareci com o inglês, ainda surpresa com o fato de todos quererem praticar uma língua estrangeira. A postura francesa em relação à língua havia mudado radicalmente desde a minha época de faculdade, na década de 1990. Naquele tempo, a maioria das pessoas se recusava a pronunciar uma palavra em inglês, mesmo se soubesse. Agora, eles sabem que falar inglês é essencial para se dar bem no trabalho. Apesar de alguns ainda resistirem por orgulho ou insegurança, era só dar uma bebida para eles e sua língua se soltava.

A festa tinha tábuas de queijos maravilhosas, vinho à vontade, frutas frescas e, hã, cachorros-quentes? Olhei em volta para ver se alguém também achava isso hilário, mas, na verdade, todo mundo estava devorando as salsichas americanas, o ketchup e a mostarda. Isso me lembrou como metade dos trabalhadores da Champs Élysées passava por mim com saquinhos do McDonalds ou do Quick todo dia na hora do almoço. Apesar de toda a sua elegância, os franceses podiam ser surpreendentemente simplórios.

Como se o cenário já não fosse impressionante o suficiente – a Champs Élysées e seu burburinho lá embaixo; a bandeira da Vuitton balançando do outro lado da rua, o Grand Palais e a Place de la Concorde no final do bulevar; o Louvre e a Notre Dame um pouco mais distantes, e até mesmo a Sacré-Coeur plantada placidamente como se fosse um montinho de chantili sobre Montmartre – a torre Eiffel era iluminada por luzes estroboscópicas a cada hora cheia. Naquela noite, também havia fogos de artifício sobre a Place de la Concorde para homenagear o chamado histórico de Charles de Gaulle para a resistência aos nazistas em 1940. Não conseguia me conter. Parecia um cenário de cinema, exceto pelo fato de ser minha vida, em Paris.

"Finalmente, uma festa divertida no trabalho!", pensei, observando todo mundo rir e se misturar, as pontas vermelhas dos cigarros como se fossem estrelinhas no ar conforme eles gesticulavam em suas conversas animadas. As garrafas de vinho sumiam e as pessoas estavam à vontade. Conforme o céu de verão foi passando de rosado para um roxo apagado e depois para preto, o telhado se tornou uma pulsante pista de dança.

Eu também estava animada. Além da Isa, tinha feito amizade recentemente com uma expatriada americana com quem me dei bem imediatamente, Melissa. Ela e eu havíamos sido apresentadas pelo meu querido amigo da época do colégio, Ben. Quando você se muda para uma cidade estranha, todos os seus amigos querem lhe apresentar os amigos deles, os amigos dos amigos, ou qualquer pessoa conhecida da cidade, que seja um pouco normal e fale inglês. Normalmente, esses encontros são um desastre, porque você não tem nada em comum com a outra pessoa além de falar inglês. Felizmente para mim, Ben sabia o que estava fazendo.

A primeira vez que Melissa e eu nos encontramos, abrimos o coração bebendo cervejas belgas no terraço de um café. Pouco depois, encaramos o Cineplex do Les Halles para assistir *Anjos e Demônios* com Tom Hanks, um filme que eu normalmente não veria em Nova York, mas que me trouxe uma estranha sensação de conforto e patriotismo. Depois disso, sabia que tinha uma cúmplice para todas essas coisas americanas bregas. Com a Melissa e a Isa, sentia que tinha ganhado na loteria da amizade dos narizes empinados em Paris.

Então, Isa, que estava circulando (ela era adorada por todos, não só por mim), me deu a notícia.

– *Tu connais Alexi e moi retournons à Canada?* – ela me perguntou, enquanto ouvia a música tecno que era tocada por um cara que trabalhava comigo na conta da Vuitton diariamente. Balançando a cabeça ao ritmo da música, um dos fones na orelha, eu via um lado completamente diferente das suas explicações racionais sobre uma experiência de usuário apropriada para um site.

– *Quoi*??? – gritei de volta, achando que não tinha ouvido direito. Ela não podia voltar para o Canadá – ela era parte integrante da equipe Vuitton e do escritório da agência. Seus olhos estavam cheios de lágrimas. Eu tinha ouvido direito? Se fosse isso, para o bem ou para mal, meu francês começava realmente a melhorar.

Isa me levou até um canto tranquilo do terraço.

– *Oui. Nous partons* – ela continuou e explicou que ela e seu namorado iam se casar, e queriam ficar mais perto da família em Quebec. Assim que Alexi terminasse seu curso de padeiro, eles iriam embora de Paris e voltariam para o Canadá. E ela tinha avisado a agência. Eu estava chocada. Minha amiga, minha única amiga divertida, estava indo embora. Não podia ser verdade! Mas sentia ainda mais pela Isa. Suas lágrimas começaram a escorrer pelas bochechas, e eu podia sentir sua dor.

– *Il me manque déjà* – ela disse, apontando para a escandalosa vista de 360º graus de Paris que tínhamos ali.

Ela já estava com saudades de Paris.

Não era apenas a beleza da cidade, com as luzes da torre Eiffel dançando ao longe, mas claro que isso contava. Mas enquanto estávamos ali em pé falando sobre a vida, o amor e Paris, compreendi sua tristeza e a senti como se fosse minha. Percebi como estava ficando apegada a um estilo de vida que caminhava calma e graciosamente em vez de correr a toda velocidade. A uma cidade na qual cada bairro não tinha duas ou três, mas quatro, cinco ou seis padarias para escolher. A um mundo que valorizava o prazer acima de tudo.

Um dia eu ficaria, assim como a Isa, me debulhando em lágrimas por causa da ideia de ir embora? Falando nisso, será que um dia eu estaria pronta para ir embora de Paris?

Meus pais se divorciaram quando eu tinha 8 anos e saí de casa com 17. Depois de quatro anos de faculdade em Boston – incluindo aqueles cinco gloriosos meses estudando em Paris – vivi um tempo em São Francisco e depois em Nova York. Tudo isso para dizer que minha ideia de casa mudou muito durante a vida. Minha verdadeira casa, minhas raízes, sempre será em Connecticut. Mas acho que é importante se sentir em casa onde quer que você esteja no mundo.

No começo daquele verão em Paris, quando ia de Vélib para casa à noite, eu ficava feliz em pedalar pelo meu caminho da Champs Élysées no *8º arrondissement* até o bairro de Montorgueil no centro da cidade. Ficava feliz em perceber que eu tinha um caminho, e que eu o adorava. Novamente, passar zunindo pelas lojas da Lanvin, Louboutin, Costes e Collete na rue Saint-Honoré – como não adorar isso? Chegava ao meu bairro e absorvia a energia borbulhante dos cafés, das lojas e das pessoas. Adorava ver como os terraços dos cafés ficavam lotados, todo mundo curtindo uma cerveja ou um vinho antes de voltar *chez-eux* para um jantar feito em casa. Com a luz do dia durando para sempre, o sol ficava no céu até bem depois das 10 h da noite, e eu tinha algumas horas felizes para passear pela rue Montorgueil e observar os *hipsters* com seus lenços e óculos wayfarers. Ou eu simplesmente ficava na casa da árvore, escrevendo sobre minha experiência em Paris ou sobre os encontros e desencontros com a língua no meu blog, que comecei para manter contato com a minha família e amigos nos Estados Unidos.

Estava feliz por finalmente me sentir em casa em Paris. Era reconfortante e empolgante, ao mesmo tempo familiar e novo. Em uma cidade que é uma mina de clichês, pensei numa pérola: Paris era onde meu coração estava.

Christophe Vasseur, meilleur boulanger de Paris en 2008. Pas beaucoup **de variété, mais de la grande qualité et des chaussons aux pommes faits avec de vraies pommes! irrrrrrrrésistible!**

Com a partida da Isa em vista, ela sugeriu um passeio especial para nosso último encontro. Seu noivo estava terminando o estágio na Du Pain et Des Idées, uma das melhores padarias da cidade. Se eu queria ir lá e fazer uma visita guiada pela cozinha? Hum, uma criança chora quando tiram um doce da sua boca?

Então, no final de uma tarde, chegamos à padaria premiada, que fica numa esquina do maior paraíso burguês e boêmio de Paris, o Canal Saint-Martin. Apesar de sua aparência descolada, o interior da padaria tinha um charme de antigamente. Móveis antigos de madeira, utensílios de cozinha de cobre e sacos de farinha gigantes acrescentavam um toque rústico aos tetos de vidro com pinturas originais no estilo *Beaux Arts* e espelhos folheados a ouro. A mulher no balcão, reconheceu Isa e apontou para a porta da cozinha, nos dando permissão para ir para os fundos. Eu me senti como uma estrela do rock atravessando entre os clientes que observaram curiosos duas *étrangères* de pele clara passando pela porta de acesso limitado.

Seu namorado, Alexi, nos recebeu na pequena cozinha, onde preparava as baguetes para a noite. Ele nos mostrou como a massa crua era moldada e colocada sobre grandes blocos com tecidos enrolados. Explicou que os fornos ficavam uns sobre os outros, os mais quentes no nível do chão. Era ali que assava o pão típico da padaria, o *pain des amis*, um maravilhoso pão borrachudo, crocante e com nozes que agora é servido no renomado restaurante Plaza Athénée de Alain Ducasse As tradicionais baguetes eram colocadas dois níveis acima.

Quando chegou a hora, observamos Alexi abrir as portas dos fornos e puxar as baguetes com um equipamento que parecia uma mistura entre uma maca e uma esteira de supermercado. Algumas delas estavam *bien cuit*, bem assadas e douradas. Outras estavam *moins cui*, um pouco mais branquinhas e borrachudas. Ele as colocou habilmente em cestos de vime cilíndricos, que depois eram levados para a frente da loja, onde uma fila de clientes ansiosos crescia, agora que o dia já estava acabando. "Engraçado estar do lado de cá", pensei, lembrando de todas as vezes que eu havia sido um daqueles clientes com água na boca, esperando que a fornada da noite aparecesse da cozinha, fresquinha e quente.

Ficamos por ali mais um pouquinho, sentindo o aroma da massa fermentando e xeretando os utensílios e os equipamentos. Então chegou a hora da degustação. Isa e eu deixamos Alexi, cansado depois de seu turno de oito horas, terminando suas tarefas na cozinha, e voltamos para a frente para escolher nosso lanche.

Christophe Vasseur, o charmoso e jovem padeiro por trás da Du Pain et Des Idées, se orgulha de fazer poucas coisas e de fazê-las bem. Nada de bolos coloridos ou esculturas teatrais de chocolate. Apenas pães honestos e de qualidade, *viennoiserie* feita à mão e uma seleção de tortas sazonais.

Isa e eu começamos com uma *chausson aux pommes*. Muitas padarias enchem esses folhados de maçã com geleia ou compota, a Du Pain et Des Idées usa fatias de maçã fresca, não tem como não perceber a diferença. Os pedaços da fruta tenra eram doces, ácidos e um pouco picantes, deliciosos no sol da tarde de verão. Então destroçamos um *croissant* quebradiço. Havia tantas camadas douradas e com a espessura de um papel fino que ele parecia uma escultura. Era mais refinado que qualquer outro *croissant* que já tinha visto – também era mais crocante, e deixou um mosaico de migalhas espalhadas em nossos colos e aos nossos pés. E, reservando o melhor para o final, mergulhamos em um *escargot chocolat* pistache, outra criação folhada deliciosa, dessa vez na forma de um caracol, como o *pain aux raisins*. Exceto pelo fato de essas camadas superfinas serem recheadas de *crème pâtissiére* de pistache com pedacinhos de chocolate. Tudo o que comemos estava fresco, delicioso, perfeito.

A padaria e a tarde foram excepcionais em todos os sentidos, tais como a Isa.

Assim como leva tempo para uma amizade se desenvolver, você não pode apressar um bom *croissant*. Essa é uma verdade que nunca poderei negar depois de experimentar os pães de Christophe Vasseur naquele dia.

– Fazer um *croissant* é 2% teoria e 98% prática – ele me disse quando pedi alguns conselhos sobre fazer pães depois da linda experiência com a Isa. Ele estava se referindo à importância de usar as próprias mãos, praticar muito, em vez de confiar em cursos. E ele devia saber do que estava falando. O aprendizado do próprio Vasseur – que ele começou aos 30 anos, depois de abandonar um emprego glamouroso no comércio de moda – não passou de três meses. Ele aprendeu tudo por meio da sua paixão e inteligência.

– Muitas pessoas disseram "Você é maluco. Nunca vai dar certo" – diz Vasseur quando lembra dos seus primeiros anos, em que trabalhava 18 horas por dia, seis dias por semana. Ninguém entendeu a mudança dramática em sua carreira. Mas isso não o deteve. Ser padeiro era algo que ele queria fazer desde menino, nos Alpes franceses, quando os três padeiros de sua cidade o inspiravam ao mesmo tempo em que o tentavam com suas criações. - Era sempre como ir a uma loja de mágica... você podia sentir o cheiro das coisas antes de abrir a porta. Para mim, é um ambiente de pura magia: usar suas mãos para transformar algo tão simples em algo tão bom e bonito.

Então, apesar do ceticismo de todos, ele não desistiu de ir atrás do sonho de sua vida. Procurou e encontrou o lugar perfeito: uma padaria que estava ali havia uns 120 anos. Mas que também viu três padeiros falirem num período de sete anos. Não era exatamente um bom presságio, mas o espaço tinha alma, que era tudo o que Vasseur precisava. Usando as palavras do romancista francês Marcel Pagnol como mantra - "Vou fazer um pão como jamais ninguém comeu e, nesse pão, vou colocar muito amor e amizade", ele abriu sua padaria em 2002.

- Não fiz isso por mim, mas para compartilhar com as pessoas - ele explica. - Fazer pães é mais do que apenas o pão, a farinha, a água ou o fermento. É o desejo de ser mais humano e retornar às coisas simples. Voltar às raízes.

Vasseur faz tudo parecer tão simples. Mas a arte de misturar, enrolar, dobrar e assar esses *croissants* finos e quebradiços pode ser fácil? Sublime, sim; simples, *mais non*.

Ele diz que sua *viennoiserie* dos sonhos, amanteigada e com milhões de camadas, que ganhou legiões de fãs e prêmios dos renomados guias *Gault et Millau* e *Michelin*, vem da sua força de vontade e do fato de ele sempre ter sido hábil com as mãos. Claro que os ingredientes importam tanto quando a paixão e a técnica que são aplicadas a eles. Vasseur insiste em usar farinha, manteiga, leite e ovos orgânicos de primeira qualidade sempre que possível. Igualmente importante são o tempo e o cuidado que ele dedica ao trabalho.

Enquanto os *croissants* industriais podem ser retirados do forno depois de 30 minutos graças à massa pré-assada, Christophe dedica 34 horas a eles. Isso porque ele faz sua própria massa do zero e espera que ela descanse e desenvolva o aroma – ou, em suas próprias palavras, que se beneficie da "mágica da fermentação". Então ele pega essa massa feita à mão, perfumada e adorável, intercala com camadas de manteiga, dobra e a abre de novo e de novo, criando as diversas camadas de massa amanteigada e fina. Depois ela é cortada em triângulos, dobrados no conhecido formato de lua crescente, e assada por 40 minutos. Os *croissants* crescem, expandem-se e ficam dourados no forno. E, finalmente, o paraíso é servido.

Claro que eu conhecia *croissants* antes de me mudar para Paris. Mas, assim como qualquer americano, cresci comendo imitações: eles eram tentativas comerciais ridículas e doces demais de reproduzir a *finesse* francesa. Para conseguir um bom *croissant*, era preciso procurar bem e experimentar muito. Ou ter amigos na área.

Em um outro emprego como redatora em Nova York, minha amiga Mary chegou certa manhã na agência carregando dois saquinhos de papel com a manteiga manchando o papel fino. Ela reuniu as meninas – éramos um bando de cinco garotas que bebiam, almoçavam e se compadeciam juntas – e revelou o conteúdo extraordinário. Dentro do primeiro saco estavam cinco *croissants* dourados, enrolando-se de tão quentes. O outro saco continha o mesmo número de preciosos *pains au chocolat*, também ainda um pouco mornos. Fomos todas para o sofá, animadas com o café da manhã improvisado e, junto com cada, mordida houve ondas de êxtase. "De onde vem isso?" Exigimos saber. Chamamos o parisiense de estimação do escritório, por quem, é claro, eu tinha uma quedinha. Ele confirmou o que já sabíamos ser verdade: esses eram *croissants* requintados. Provavelmente os melhores da cidade. Conversamos animadas sobre essa descoberta deliciosa e inesperada pelo resto do dia.

A partir de então, passamos a nos revezar para trazer saquinhos com os *croissants* e *pains au chocolat* da Pâtisserie Claude, a fonte daquelas belezas amanteigadas. Ir à minúscula padaria no West Village era parte da experiência. Em vez de um café charmoso ou uma confeitaria chique, que seria de se esperar de uma padaria francesa no bairro mais pitoresco de Nova York, o lugar mais parecia uma lata de sardinhas. O chão de linóleo, as luzes fluorescentes e algumas fotos enquadradas nas paredes não deixavam absolutamente transparecer as proezas que eram realizadas na cozinha. E, em lugar de um padeiro francês charmoso como, digamos, Christophe Vasseur, lá estava Claude, que era rabugento – um francês robusto que administrava a padaria havia décadas. Ele não podia ser apressado e não tinha tempo para adulações. Assava pães. Só isso. *Ça suffit.*

Mas nós – e dezenas de outros adoradores na cidade – ficamos viciadas, tentando chegar à conclusão sobre o que tornava os pães de Claude tão bons. A casca era crocante e quebradiça, e desmontava quando você a mordia, deixando aquele revelador babador de migalhas gigantes no seu peito. E o interior era recheado com camadas leves e tenras, levemente elásticas, mas nunca massudas ou borrachudas – consequência da massa excessivamente trabalhada, mais tarde aprendi com Christophe. E, claro, o maravilhoso gosto de manteiga. Não era gorduroso demais, mas untuoso e delicioso. Quente como um dia de verão.

Depois de experimentar nossa *viennoiserie* na Du Pain et Des Idées, era hora de partir. De dizer adeus a Isa.

Dei um abraço de despedida em Alexi na porta dos fundos da padaria, e então Isa e eu caminhamos para o metrô na caótica Place de la République, uma praça enorme e cheia de folhas, onde tem mais moradores de rua e adolescentes bagunceiros do que monumentos e fontes magníficos como na Place de la Concorde, do outro lado da cidade. Enquanto caminhávamos, senhores sentados nos terraços dos cafés viravam o pescoço para admirar as longas pernas de Isa, as quais ela ousava vestir com um shortinho curto no sol do verão. Apesar de ela ter sido minha primeira amiga francesa, sua desinibição em uma terra cheia de regras me lembrava de que a Isa também era une *étrangère*. Ela viera a Paris para viver seu sonho. E agora estava partindo para começar outro.

Demos dois beijos de despedida – o que agora era natural para mim – e então demos um abraço apertado, o que me fez ficar com saudades de novo dos meus amigos nos Estados Unidos e dessa que estava perdendo naquele instante. Estava feliz pela Isa e o novo capítulo em sua vida, assim como estava empolgada com o fato de eu continuar em Paris. Mas foi um momento agridoce. Enquanto a observava desaparecer no metrô, não pude deixar de pensar: se eu continuasse a seguir esse caminho de migalhas de *croissant*, onde ele me lavaria?

Mais pontos de doces no mapa

Apesar de mais e mais padarias francesas usarem massa pré-assada (sacré bleu!), *fiquem tranquilos, elas ainda são muito boas. Na verdade, a maioria dos* croissants *em Paris ainda são dez vezes melhores do que qualquer outro em qualquer lugar do mundo (eu credito isso à manteiga francesa). Mesmo o Monoprix, a grande rede de supermercados, tem* croissants *decentes. Mas não gaste seus preciosos momentos de* viennoiserie *no Monoprix. Vá à Gerard Mulot (3º e 6º arrondissements) para comer uma criação extra-amanteigada, à Sadaharu Aoki (5º, 6º ou 15º) para experimentar o exótico* croissant *de matcha, ou à Eric Kayser (por toda a cidade) para um clássico* croissant au beurre.

As opções de croissants *em Nova York são bem menores. Ainda bem que existem as padarias francesas. Faça um agrado a si mesmo e tenha uma experiência autêntica – e seu próprio babador gigante de migalhas – com uma visita ao Ceci-Cela ou ao Balthazar no Soho, ao Café Deux Margot no Upper West Side, ou aventure-se até o Dumbo e tome café da manhã na padaria Almondine.*

Capítulo 5

NOVA YORK
FAZ MACARONS

𝒟urante os oito anos em que morei em Nova York, sempre ficava emocionada com a volta à cidade. Tanto ao voltar de trem de um final de semana com meu pai, em Connecticut, como aterrissando no JFK, depois de três semanas de caminhadas e passeios de bicicleta na Nova Zelândia, eu nunca conseguia esconder meu sorriso quando via a paisagem cheia de arranha-céus, o halo de luz emanando da cidade, o mar de táxis amarelos e a mistura de culturas e roupas em uma grande orgia maluca. Nova York estava no meu sangue. Durante anos, tinha sido meu amor verdadeiro. E a seguir veio Paris.

Depois de passar um semestre da faculdade em Paris, a cidade havia se transformado numa pequena fantasia para mim. Paris era o equivalente romântico da minha realidade cinzenta em Nova York. Mas nunca achei que aconteceria comigo. Na minha mente, Paris era o cara bonitão e legal e interessante e romântico e divertido. Quer dizer, existe um cara assim?! E ele está interessado em mim?? Ah, por favor, não vou cair nessa, nem por um segundo.

Mas depois de quase seis meses em Paris, sabia que era um fato: fantasias se tornam realidade. Apesar dos momentos de incerteza e dos ataques de solidão, estava adorando Paris. Apaixonada pelos grandes bulevares cheios de árvores e pelas ruas laterais sempre um pouquinho detonadas, por seus incontáveis cafés e pelo ritual de passar horas neles apenas com um café crème ou um coupe de champagne. Toda vez que passava de bicicleta na frente de uma padaria pela manhã e sentia o cheirinho da manteiga assando entre as dobras da massa folhada e das baguetes que saíam fresquinhas do forno, era seduzida novamente.

Não era difícil ficar em Paris. Quando meu Contrat à Durée Déterminée inicial, um contrato temporário, terminou no final do verão, fique ansiosa por assiná-lo de novo, dessa vez por nove meses. Mais nove meses de trabalho na Louis Vuitton, mais nove meses de vida na minha casa na árvore, mais nove meses de viagens pela Europa e explorações açucaradas. Mais nove meses de... Paris. Estava louca por aquele lugar... não ia arrancar meu caso de amor pela raiz. Mas isso não significava que não estava empolgada para ir a Nova York para uma visita de duas semanas. Na verdade, com a viagem em vista, sorri, lembrando dos charmes da minha antiga paixão: coisas como pizza e *cookies* de chocolate, revistas de moda e reality shows, academias e táxis a cada esquina, my friends.

Nova York, aí vou eu!

Quase imediatamente depois de tocar o solo no caótico JFK, a dualidade da minha vida se abateu sobre mim. Parecia que, desde a primeira vez que havia me mudado e me apaixonado por Manhattan, as coisas seriam diferentes. Com aquele adorável e macio *pain aux raisins* da Stohrer ainda no estômago, fui surpreendida no terminal do aeroporto pelos odores dos cachorros-quentes quilométricos e dos rolinhos de canela. Do lado de fora, os gritos estridentes das buzinas dos carros me deram saudades dos sinos das igrejas de Paris, relativamente tranquilizadores. E para onde olhasse: traseiros enormes! Barrigas gigantes! Quando todo mundo tinha ficado tão gordo?

No metrô, a caminho da cidade, torci o nariz para os tabloides sensacionalistas, para todos os que gritavam em seus celulares e mastigavam chiclete, para a sujeira e os grafites que cobriam os assentos. E vi minha cara de relance refletida na janela, o desenho da cidade visível ao longe, e disse a mim mesma para parar de ser tão metida. Afinal de contas, eu era nova-iorquina. Essa era a minha casa, Paris era algo temporário. Quem era eu para de repente torcer o nariz para tudo o que sempre tinha olhado com tanta adoração?

Os primeiros dias da visita não foram muito melhores. Eu estava demorando a sair da minha concha e voltar ao ritmo de Nova York. O fato de AJ, meu ombro amigo, estar em uma viagem de negócios em Dubai também não ajudou. Eu ainda não a tinha visto nem conhecera seu namorado, Mitchell, com quem as coisas tinham ficado sérias rapidinho. Estava curiosa para conhecer quem havia roubado o coração da minha melhor amiga, mas tive de esperar mais dois dias para que ela voltasse. Enquanto isso, eu precisava de uma boa dose de hospitalidade americana. Reuni as tropas em um dos meus lugares prediletos, a Sweet & Vicious.

Todos estavam reclamando do desastre que havia sido o verão em Nova York, mas, depois de uma estação perfeita em Paris, ainda tive a sorte de pegar uma onda de calor. Era uma noite quente e calma. Fui a primeira a chegar e sentei no banco de uma mesa de piquenique no pátio nos fundos do bar, com uma vodca tônica refrescante, admirando os prédios de tijolo aparente erguendo-se acima de mim com suas saídas de incêndio cambaleantes – isso é tão Nova York! Eu usava uma regata de seda cinza, comprada em uma das butiques chiques do Marais, e sandálias para exibir meus pés feitos – depois de seis meses, porque uma pedicure em Paris custa mais que o dobro do que em Nova York; assim, havia me recusado terminantemente a gastar trinta euros para fazer as unhas: esse dinheiro podia ser muito mais bem gasto em vinhos, queijos e chocolate. Esperando no pátio, estava com frio no estômago como se um caso antigo fosse aparecer. Era a primeira vez que me sentia tão animada desde que havia chegado a Nova York.

– Amy, querida! – Meu amigo gigante de dois metros de altura, Jonathan, passou pela porta e me deu um abraço de urso. – Ah, menina. Estou tão feliz de ver você. – Ele olhou para mim lá de cima com seu sorriso aberto e balançado a cabeça. Era disso que eu precisava, disse a mim mesma, derretendo em seus braços enormes, familiares e calorosos.

– Eu também, amor! Como você está? – perguntei, enterrada debaixo da sua axila, o que era ao mesmo tempo nojento e delicioso. Mas não lhe dei tempo para responder. – Conte como andam as coisas no trabalho – exigi, afastando-me de maneira relutante para olhar para o seu rosto. Como gerente de projeto, ele estava eternamente conspirando para assumir o departamento de produção da sua agência. Sabia que ele tinha seis meses de intriga e rancor para descarregar e que logo os outros amigos chegariam para nos interromper. Ele revirou os olhos e abriu a boca para compartilhar seu drama mais recente quando – tarde demais – as meninas chegaram.

– Ammmyyy! – Melanie, Mary, Krista e Carrie surgiram pela porta dos fundos, fabulosas com seus saltos, bolsas e joias – Nova York até os ossos. Depois de beber sidecars e compartilhar segredos por tantos anos, agora éramos como adolescentes reunidas depois das férias de verão. Nosso coro de gritinhos e abraços provocou alguns olhares curiosos, mas todos no pátio rapidamente viraram as costas e voltaram para seus drinques e conversas. Uma onda de felicidade tomou conta de mim. Não estava apenas vendo meus amigos novamente. Mas, pela primeira vez em meses, estava em um bar normal no qual você circula e socializa, em vez de se enfiar em grupos fechados em volta de mesas de café. Você podia realmente se misturar e agir de maneira escandalosa – um comportamento absolutamente inaceitável em Paris. Naquela noite, não havia nada daquela postura francesa extremamente metida e distante. Nada de "chega pra lá" ou "você não vai se meter aqui de jeito nenhum". Estava em um território conhecido, nos braços de velhos amigos. Tinha esquecido como era ter a vantagem de jogar em casa.

Depois de uma hora, Mike e Corey apareceram. Então Ben e Merrill. E Kurt e Christy. Fazia tanto tempo que não nos reuníamos e havia muita conversa para colocar em dia. Quando olhei para os meus amigos ao redor, dei-me conta de que enquanto estava me adaptando a Paris, todo mundo por aqui havia se ajeitado. Fora o bando de amigas do trabalho, todos os meus amigos nova-iorquinos tinham seu par. Isso me deu um estranho *flashback* de quando tinha 6 anos de idade e via os amigos hippies dos meus pais com seus cigarros e baseados, copos de uísque e rosé, misturando-se e rindo em festinhas na nossa enorme varanda da frente. Eles pareciam tão artistas e fabulosos – tão adultos. Agora me peguei olhando para os meus amigos com os mesmos olhos arregalados de admiração e até mesmo com um pouco daquela inveja de garotinha. Era uma estranha mistura de emoções que ignorei pedindo outro drinque.

Horas mais tarde, a luz fraca do final da tarde virou noite e eu tinha passado da vodca tônica para a cerveja. Todos os casais haviam voltado para os seus apartamentos para passear com os cachorros – obviamente treinando para o próximo passo: bebês. Só restava a tribo das solteiras. E por mais que eu ame as meninas, odiava o fato de Nova York estar lotada de pequenos grupos como o nosso. Era inevitável: havia solteiras demais nessa cidade.

O assunto passou a ser publicidade, porque todas nós havíamos nos conhecido na mesma agência anos atrás e conversamos sobre a política do escritório (e aqueles incríveis *croissants* da Pâtisserie Claude). Começaram as histórias sobre quem estava trabalhando onde e qual vice-presidente sênior estava aprontando. A lascívia desse mundo e fofocar a respeito do assunto sempre foi um prazer culpado para mim. Mas enquanto Krista falava mal do seu chefe que tinha tido não um, mas dois casos no escritório no ano passado, além do segundo filho com a esposa, não consegui despertar em mim o desprezo ou prazer esperados. Procurei por eles, mas – nada.

– O cara claramente tem que frequentar um grupo de viciados em sexo anônimos. Parece que é o David Duchovny. – Todo mundo riu da referência ao astro de Hollywood que teve de fazer tratamento porque era viciado em sexo, mas comecei a ficar paralisada.

Não sabia se era a onda de emoções por ver tantos amigos de uma vez só ou se era outra coisa, mas de repente não me sentia como eu mesma. Balançava a cabeça em todos os momentos certos da conversa, mas estava viajando por dentro. Não conseguia chegar perto de ninguém. Esses amigos me conheciam do avesso. Mas eles não pareciam os mesmos. O bar e a cidade não pareciam os mesmos. Eu não parecia a mesma pessoa.

– Vocês já foram ao Standard Grill? – perguntou Mary. Ela devia ter visto meus olhos vazios e estava tentando mudar de assunto para o território da Amy. Quando morava em Nova York (tinha sido mesmo só seis meses atrás?), eu escrevia críticas sobre restaurantes e avaliações sobre bares locais e lia religiosamente cada revista e blog sobre comida, restaurante e a cena gastronômica da cidade. As amigas sempre recorriam a mim em busca de indicações sobre o melhor lugar para o primeiro encontro, o melhor café da manhã, a joia do bairro, a tradição de Nova York, um mexicano barato, um lugar com decoração descolada, com melhor banheiro e o restaurante do momento. – Acabou de abrir no Meatpacking – Mary continuou, tentando levantar meu ânimo.

– Ah, sim, ouvi dizer que esse lugar é legal. O bar tem mesas de pingue-pongue, né? – Melanie perguntou.

Seis meses atrás, mesas de pingue-pongue teriam parecido novidade. Mas mesas de pingue-pongue? Grande coisa! Elas eram de *rigueur* por toda Paris. Eu continuava fora de órbita, mesmo quando Carrie disse que havia ido lá no final de semana antes e ficado a centímetros de distância do Bruce Willis, que foi seguido dois minutos depois por Demi e Ashton, e mais dois guarda-costas de 2 metros de altura e 130 quilos.

Percebi que as coisas agora eram assim. Durante os últimos seis meses, eram meus amigos que coletavam e avaliavam os lugares novos mais descolados de Manhattan. Eles tinham andado por aí sem as minhas dicas e avaliações, vivendo a "minha" cidade enquanto eu estava a quase seis mil quilômetros de distância. As coisas mudam a todo final de semana em Nova York. Restaurantes abrem e fecham. Bares entram e saem da moda. Eu realmente esperava ficar longe por meses e encontrar tudo do mesmo jeito? Agora eu era uma estranha na minha cidade.

– Pessoal, preciso ir – disse, colocando a cerveja Stella quase intocada na mesa, interrompendo a conversa sobre reservas para jantar impossíveis. Todo mundo olhou para mim, incrédulo.

– O quê? Você vai embora? Por quê? Vamos jantar no Café Select! – disse Mary. Enquanto isso o rosto de Carry foi iluminado pelo seu BlackBerry. Ela já estava mudando para o plano B.

– Vocês sabem que eu adoraria ir, mas acabei de ter um superataque de *jet lag* – implorei. – Acho que vou dormir em cima do meu spatzle se eu for com vocês. – Era verdade que eu ainda estava um pouco tonta com a diferença de fuso horário. Mas sabia que voltaria para o meu apartamento para enfrentar outra noite insone, mesmo estando morta de cansaço. Acima de tudo, não queria mais me sentir alienada. Tudo que certa vez eu conhecera e amara de repente parecia tão estranho e eu já não sabia qual era o meu lugar. Essa noite pela qual eu estava tão ansiosa, tinha acabado comigo. Precisava que ela acabasse.

Caminhando pelas avenidas banhadas de neon e pelas ruas lotadas de gente nos dias seguintes, me peguei tendo uma pequena crise de identidade. Tantos amigos meus, incluindo AJ – que tinha voltado da sua viagem de negócios e com quem ia jantar naquela noite –, estavam indo morar com namorados e mudando-se para o Brooklyn. De toda a minha comunidade em Nova York, apenas alguns ainda continuavam no mesmo lugar que eu: solteiros e vivendo a vida como se tivessem 20 e poucos anos. Aparentemente, o conto de fadas moderno das pessoas da minha idade era morar com alguém no Park Slope ou no Carroll Gardens, e não ficar se divertindo loucamente em um país estrangeiro. Eu não parava de pensar nas conclusões a que essas observações me levavam: eu tinha duas casas ou não tinha nenhuma? Eu era nova-iorquina ou parisiense? Estrangeira ou do lugar? De onde eu era exatamente? Enquanto eu tentava sentir uma ligação e amor por uma cidade que sempre me sustentara, sentia-me triste e alienada.

Também me sentia culpada em um nível mais existencial. Era como me dar conta de que havia me desapaixonado por alguém. Eu acordava todas as manhãs, esperando me sentir diferente, pensando, mas, mas, mas... eu amava esse lugar. Eu sempre ficava ansiosa por isso. Essa era a minha vida. Agora me sentia mal porque não conseguia ficar empolgada com uma coisa que havia amado tanto. Não podia deixar de ver Nova York como uma cidade barulhenta e suja, não elegante e envolvente. As candidatas a personagem de *Sex and the City* empetecadas trotando de salto alto e com saias escandalosamente curtas não tinham nada da graça das mulheres francesas, que caminhavam com um ar confiante e sofisticado. O asfalto urbano e a tensão me deixavam claustrofóbica, e não eram inspiradores como as ruas e as praças de paralelepípedo de Paris.

Eu não conseguiria evitar que, assim que começasse a sentir uma ligação com Nova York de novo, teria que voltar para Paris. Assim como os franceses estavam tendo um caso de amor com os *cupcakes*, descobri que os nova-iorquinos estavam se apaixonando pelo *macaron*.

Ah, sim, *macarons*. Os biscoitinhos feitos de merengue, mais leves que o ar, crocantes e pegajosos. Não os enormes doces italianos que muitas vezes são feitos com coco. Os *macarons* franceses são diferentes: delicados e caprichados. Uma proeza resultante de misturas, dobras e tempo. A combinação deliciosa de açúcar de confeiteiro, amêndoas finamente moídas e claras de ovos, e praticamente só isso, leva um recheio cremoso e sensual de *ganache* ou glacê que une os dois biscoitos. Firme, mas tenro, brilhante, mas irregular, com conchas etéreas e um centro pesado, eles são pequenas amostras de contrastes – e delícias.

Preparar *macarons* é algo sabidamente difícil. Tudo deve ser feito do jeito certo: os ingredientes medidos em cada grama, as claras descansadas e batidas de acordo com uma escala de tempo rígida, os fornos pré-aquecidos na temperatura exata – mesmo as condições do tempo lá fora podem resultar em biscoitos murchos ou rachados, e não brilhantes e perfeitamente arredondados como os que são exibidos nas vitrines das confeitarias e casas de chá. "A umidade é o inimigo dos *macarons*", foi assim que o instrutor explicou a questão em uma aula que fiz sobre assunto. (É melhor você acreditar que tive uma aula para aprender a fazer *macarons*. Achei que como eles eram icônicos para os franceses, como os *cupcakes* para os americanos, o mínimo que podia fazer era entender o porquê disso. Passei algumas horas aprendendo em um sábado no La Cuisine Paris.)

Se você não bate a massa o suficiente, os biscoitos ficam quebradiços demais. Se você bate demais, há o risco de eles murcharem. E qualquer um que já provou essas coisinhas adoráveis sabe que, por fora, o biscoito deve ser liso e macio como um brilho jolie, e, por dentro, a crosta, le croute, deve ser irregular. A parte de dentro deve ser úmida, mas não molhada; a parte de fora, crocante, mas não dura. Quanto mais você conhece sobre eles, mas fácil é entender porque *macarons* custam caro.

Quando cheguei a Paris, não sabia nada disso. Minha primeira pista da devoção dos parisienses a essas minúsculas delícias foi quando passei pela loja do Pierre Hermé na rue Bonaparte, em cima da minha Vélib, e vi uma fila saindo pela porta. Fiquei curiosa, mas tinha outros doces mais deliciosos para provar, como as bombas de chocolate meio-amargo de Jacques Genin e os *croissants* de amêndoas densos e cremosos da Boulangerie Julien. Depois, é verdade, tornei-me devota dos bolos de Pierre Hermé. Mas aqueles sanduíches de biscoito com cores pastel pareciam brincadeira de criança.

Então, Lionel, meu colega de trabalho e também louco por doces, trouxe une boîte de *macarons* para o escritório. Ele visitou minha mesa e abriu a tampa com agilidade, apresentando uma coleção de doces perfeitamente organizados e com cores vibrantes. Fiquei estupefata. As três fileiras perfeitas pareciam bonitas demais para serem desmontadas. Mas quando me dei conta de que isso era besteira. Vite! Eles deveriam ser degustados. Estava na hora de perder minha virgindade com os *macarons*.

Meus dedos dançaram acima da caixa aberta enquanto eu tentava imaginar qual sabor seria o melhor. Lionel, benevolente e impaciente ao mesmo tempo, me guiou para um cor-de-rosa bebê; era o famoso sabor Ispahan. Mordi a casaca que, puf, quebrou-se de maneira muito delicada antes de se desfazer em um bocado deliciosamente pegajoso e úmido. E então a tempestade de sabores me atingiu. Framboesa brilhante, lichia exótica e um toque de rosas. Aquela coisinha era muito poderosa. Era uma iguaria delicada repleta de habilidades, imaginação, poesia e, "Meu Deus, me dê outro!"

Enquanto era carregada por uma nuvem cor-de-rosa para o paraíso, Lionel decidiu me ensinar uma aula de francês muito importante.

Em Paris, há dois tipos de pessoa: aqueles que pensam que Pierre Hermé faz o melhor macaron e aqueles que acham que os da Ladurée são melhores. O que muitas pessoas não sabem, nem mesmo os adoradores mais ardentes dos *macarons*, é que Pierre Hermé já trabalhou para a Ladurée, o tradicional salon de thé cujas origens datam de 1862.

Há 150 anos, a Ladurée era apenas uma padaria. Mas, quando dramáticos bulevares ladeados por árvores e enormes jardins foram instalados como parte do programa de modernização do Barão Haussmann no século XIX e a cultura dos cafés estava em pleno crescimento, Jeanne Souchard, esposa de Louis Ernest Ladurée, decidiu que as mulheres precisavam de um lugar para espairecer. Ele combinou o conceito dos cafés com uma confeitaria, *et voilà*, surgiu um dos primeiros *salons de thé*. Apesar de hoje em dia ser um império multimilionário, com filiais em lugares tão distantes quanto Japão, Turquia e Arábia Saudita, a Ladurée ainda mantém a classe e o charme dos primeiros dias. Os três salões de chá em Paris têm o mesmo esquema de cores verdes, decoração Belle Époque e atraem uma mistura de turistas japoneses e senhoras que almoçam. É icônico para alguns, chato para outros. Eu acho simplesmente adorável.

Depois de um estágio no Lenôtre e uma temporada de dez anos na Fauchon, outras duas confeitarias históricas da França, Pierre Hermé se tornou consultor de confeitaria da Ladurée, abrindo a magnífica loja da Champs Élysées – essa, convenientemente localizada na esquina da agência. Mas no final das contas, ele era rock and roll demais para aquele esquema tradicional. A mistura de sabores de frutas que é o Ispahan exemplifica com perfeição porque o *pâtissier*, Pierre Hermé, e o *salon de thé*, Ladurée, não combinavam. O sabor não fez sucesso na Ladurée, então ele levou a receita com ele quando se estabeleceu por conta própria em 1998.

Agora o Ispahan é a combinação de sabores mais celebrada, mas de jeito nenhum a única. Ao longo dos anos, ele criou *macarons* como o de chocolate com maracujá; framboesa com wasabi; pêssego, damasco e açafrão; trufa branca e avelã; e azeite com baunilha. Eles podem soar malucos, mas confie em mim, todos são deliciosos. E embora Hermé também faça os sabores clássicos e simples – baunilha, pistache, limão e rosas, para citar alguns – muitos dizem que nessa área a Ladurée é melhor.

Se você me perguntar, tanto Pierre Hermé como a Ladurée têm seus méritos. Os *macarons* de Pierre Hermé ainda são feitos à mão; os da Ladurée são feitos por máquinas. Mas os *macarons* e as caixas da Ladurée também são mais baratos e a experiência é mais transcendental. Marca e sabor, preferências e preconceitos, o debate continua: de quem são os *macarons* com o perfeito equilíbrio entre as texturas crocante, pegajosa e mole? Quem tem a combinação de sabores mais sublime? Quem tem a *ganache* mais gostosa? Quem faz os mais bonitos? No final das contas, é uma pergunta praticamente impossível de responder. Quem tem o melhor: Pierre Hermé ou Ladurée?

Depois de ter sido introduzida à grande rivalidade entre *macarons* da cidade, comecei a apreciar as iguarias pelo que eram: lindas e minúsculas, femininas e elegantes, chiques o suficiente para une soirée, mas que também podem ser degustadas como um *gouter* cotidiano. Em outras palavras, eles são completamente franceses. O que eles estavam fazendo por toda Nova York?

De volta a Paris, restaurantes e padarias anglo-americanos estavam pipocando por todos os cantos, cuidadosamente recriando *cheesecake*s, bolos de cenoura e, *bien sûr, le cupcake*. Mas quando vi a reciprocidade do amor transatlântico, fiquei irritada. Ver *macarons* em Nova York era como ir a Las Vegas e ver a torre Eiffel. Parecia muito errado. Mas finalmente desci do salto quando fui ao Kee no Soho.

Kee Ling Tong era uma das minhas *chocolatiers* prediletas em Nova York. Anos antes, fiquei completamente viciada pela sua trufa de créme brulée do outro mundo, um bombom feito à mão delicado e perigoso que deve ser colocado inteiro na boca, senão corre-se o risco de sofrer as consequências de derramar o creme de ovos na roupa. Agora, descobri, ela estava fazendo *macarons* artesanais em sabores maravilhosos e loucos, como laranja sanguínea, gergelim e rosas. Como ela criava suas receitas? O que a inspirou a expandir o repertório? E como eram seus *macarons*, comparados aos melhores de Paris?

Encorajada pelas minhas recentes aulas de história da França, perguntei para Kee em sua loja do Soho: por que *macarons*?

– Porque eles são tão lindos! – Kee respondeu rindo. – Tão delicados. Acho que são as cores. – E, de pé diante da vitrine de vidro, tive de concordar. Seus *macarons* de mirtilo eram brilhantes como o céu do mês de setembro. O de flor de lótus era de um tom de rosa bebê perfeito para uma cor de blush. O sabor favorito de Kee, maracujá, era de um amarelo-claro vibrante. Eles estavam cercados por verdes (lulo[1] e chá verde com jasmim) e roxos (lavanda, que era salpicado com cristais de açúcar da mesma cor) e também alguns tons neutros (óleo de trufa branca e mocha mint).

– Sim, você está certa. É como um arco-íris comestível. – Enquanto admirava as cores, Kee deslizou dois *macarons* de chá verde com jasmim sobre o balcão, um para mim e outro para o cliente que havia entrado na minúscula loja com um enorme buquê de balões de hélio.
– Ah, obrigada! – respondi, feliz com a amostra. – Você não vai comer um? – brinquei.

– Não gosto de doce – Kee respondeu.

– Você não gosta de doce? – Fiquei passada. – Como isso é possível?

Ela balançou a cabeça, apontado para as duas vitrines, uma cheia de lindos *macarons* e outra que tinha mais de uma dúzia de variedades de bombons de chocolate amargo. – Não como nenhum dos chocolates ou dos *macarons*... só experimento quando estou criando novos sabores.

– Uau, isso é incrível – ponderei, enquanto mordia a casca meio pegajosa do *macaron*. A *ganache* entre os biscoitos era menos generosa do que em Paris, mas o equilíbrio entre os sabores de ervas e flores era bom. – Estou com inveja. Se eu não comesse doces, seria uns cinco quilos mais magra.

O outro cliente, um jovem chinês, ouvia tudo com um pequeno sorriso.

---

[1]Fruta do noroeste da América do Sul, mais comum no Equador, Panamá e Colômbia. Seu sabor é cítrico e às vezes descrito como uma mistura de ruibarbo e limão-taiti. (N.T.).

– Você vem muito aqui? – perguntou curioso.

– Venho aqui desde... quando você abriu, Kee? Foi, em 2003?

Kee olhou para o teto, fazendo as contas.

– Foi em 2002. Junho de 2002.

– Isso mesmo, porque eu trabalhava aqui perto naquela época. Lembro que meu chefe voltou do almoço um dia e insistiu para que eu viesse aqui. Ele disse que tinha sido o melhor chocolate que ele comera em Nova York. – Respondi ao rapaz ao mesmo tempo em que Kee ficou sabendo que tinha uma clientela leal e antiga na cidade. Adorei que ela tivesse desistido da sua carreira no mundo das finanças – começara com um estágio no JP Morgan aos 16 anos – quando se deu conta de "que não era mais divertido". É preciso ser uma mulher forte para sobreviver por 15 anos no mundo financeiro, mas é preciso ser corajosa para deixá-lo. Eu a apoiaria mesmo se ela estivesse vendendo chiclete na esquina da West Broadway com a Houston.

– Qual é o seu chocolate preferido? – ele perguntou para mim.

– Boa pergunta. – Cheguei mais perto da vitrine que ele estava examinando. – Bom, tenho uma queda por *pralinê*, então acho que não tem como errar com o *pralinê* de avelã – apontei. Não podia deixar de admirar o lindo brilho de seus chocolates; Kee sabia fazer a têmpera como ninguém. – Hummm. Ou então ficaria com os sabores de frutas, porque a Kee adora frutas: limão kaffir, maracujá, lichia com abacaxi – falei apontando para cada um. – Os sabores simplesmente explodem na sua boca. – De repente tinha me transformado em uma representante de vendas.

Antes de o cliente entrar, Kee e eu falávamos

sobre sua técnica para criar purês de frutas frescas para os recheios de *ganache* dos *macarons*. Ela estava sempre testando novos sabores e os acrescentava ao repertório a cada dois meses. Havia começado com cinco e agora tinha 22, os quais revezava, oferecendo de oito a doze por vez.
- As pessoas são aventureiras... elas querem experimentar coisas diferentes - ela explicou, e era por isso que ela focava em pares e não em sabores individuais. Mas não tive coragem de dizer a ela que seu macaron de gengibre com pêssego estava muito longe de ser tão aventureiro quanto o de figo e foie gras de Pierre Hermé. Não queria acabar com sua devoção pelas guloseimas francesas de jeito nenhum, e também estava tentando controlar meu "orgulho parisiense".

Kee fechou a caixa de bombons, amarrou com um barbante e entregou para o rapaz.
- Sua amiga vai adorar os chocolates - eu disse a ele, sentindo que minha lealdade à Kee se espalhava como uma onda por toda Nova York. - É um presente de aniversário, certo? - perguntei, olhando para os balões. Ele fez que sim com a cabeça.
- Confie em mim. Eles são os melhores da cidade.

Verifiquei três vezes se o voo da AJ havia pousado e estava ansiosa pelo nosso jantar à noite. Conforme o dia passava, admito que ainda tentava me acostumar com a ideia de que seria um jantar a três.
- *Bonjour* - um cara animado veio na minha direção para me abraçar quando entrei no Pó, o restaurante do Carroll Gardens que AJ tinha escolhido para aquela noi-

te. Olhei rapidamente para seus olhos verdes e retribui o abraço, já sentindo uma ligação. Mitchell vivera por cinco anos em Paris, e logo ficou claro que partilhávamos de um amor pela cidade, sem falar por AJ, que seria a peça central da nossa amizade. Relaxei imediatamente e fiquei agradecida pela adorável recepção.

Então me virei para AJ, que tinha cortado o cabelo curtinho e estava esperando para me cumprimentar. – *Bonjour, Madame!* – ela cantarolou, da mesma maneira que nos cumprimentamos com frequência desde as aulas de francês da madame Snitkin, no começo do 2º grau. Demos dois beijos e balançamos para frente e para trás, abraçadas. Era uma cena um pouco surreal – cumprimentar minha melhor amiga em um restaurante italiano no Brooklyn depois de eu ter estado em Paris e ela em Dubai – mas também era apropriadamente estranho. Toda vez que estava com AJ, percebi, tudo parecia normal.

Logo nós três nos acomodamos à mesa com uma garrafa comemorativa de prosecco, dando início a horas de conversa. Ficamos um bom tempo comendo uma pasta cremosa de feijão branco, *bruschette* de tomate fresco, nhoque artesanal e atum grelhado à perfeição – algo que os franceses, com todas as suas habilidades culinárias, ainda não haviam dominado. Tudo era delicioso demais: a companhia, a conversa e a comida. Mas o mais importante era que eu estava aliviada. Tinha gostado desse cara, o Mitchell.

– Vai acontecer com você, Aim – disse AJ sinceramente, quando estávamos sentadas sozinhas tomando *latte macchiato* ao ar livre no bairro de Nolita. Como sua melhor amiga, era obrigatório que eu fizesse uma análise completa do novo namorado, o que, graças a Deus, pude fazer com boa vontade. Mitchell era um cara legal e AJ estava extremamente feliz. - Juro, acontece quando você menos espera.

Ufa... e lá estava: aquela expressão batida que as pessoas despejam sobre toda solteira americana, *ad nauseam*. E AJ estava falando comigo. Sei que era sua função me animar, mas minha parceira no crime tinha que usar esse clichê? Quanto mais velha eu ficava, mais ouvia isso. E aos 36, ouvia mais do que gostaria. Engoli uma onda de irritação, determinada a focar no momento, no lado positivo. Ali estávamos e, depois de 25 anos de encontros atrapalhados, corações partidos, paixões secretas, casos apaixonados, sentimentos confusos, amores não correspondidos, nós duas encontramos o amor: ela com o Mitchell e eu com Paris.

- Ah, eu sei. Vai acontecer. - Parei, para que minha resposta defensiva e agressiva ficasse um pouco mais suave para a AJ. - Pelo menos acho que vai.

- Vai, Amy - ela respondeu com empatia. - Claro que vai. É uma questão de tempo.

- Eu sei, eu sei - murmurei, pensando no meu passado romântico. Depois do meu primeiro amor no 2º grau, logo tinha passado para um relacionamento de quatro anos na faculdade. E quando as aulas e o caso acabaram, mudei para São Francisco e pouco menos de um ano depois comecei a namorar o Max. E quando nós finalmente nos separamos sete anos depois, passaram-se apenas alguns meses até que eu sucumbisse aos charmes do Eric, gostando deles e recusando-os. Eu o afastava e o punia por querer mais, e tão depressa. Ficamos três anos num relacionamento ioiô: ele queria muito que o relacionamento desse certo e eu queria desesperadamente... ser solteira.

Ri em voz alta, pensando no quanto estava ressentida com a minha solteirice ultimamente. Por tanto tempo tinha querido apenas viver como essa garota forte e independente que me sentia. Agora achava que talvez tivesse jogado fora minha última oportunidade de estar com um homem equilibrado, disposto e atraente.

– É que faz uma eternidade. E, sabe, estou com 36. Todo mundo que me interessa já casou. Tem filhos. Não é exatamente a melhor idade para estar solteira. Quero dizer, tenho 36 anos... que merda! Como isso foi acontecer? Claro que todo mundo já casou. Minha mãe estava se divorciando quando tinha minha idade. Acho que é isso que tenho de fazer agora: esperar que todo mundo comece a se separar.

AJ olhava para mim com um misto de simpatia e humor.

– Aim, dê um tempo. Você é linda, inteligente, talentosa, engraçada... qualquer cara teria sorte de namorar com você. Quero dizer, você mora em Paris! Você é tão descolada!

– Ai, até parece. Não estava pedindo uma sessão de piedade – disse, enquanto o eco das suas últimas palavras fizeram com que eu me sentisse orgulhosa e apavorada.

– Obrigada, como sempre, pelas suas palavras. Mas acho que estou pensando e falando demais nesse assunto. – E era verdade, estava cansada de dissecar minha solteirice. Todo mundo em Nova York não parava de me perguntar sobre os homens em Paris... Eles são paqueradores? Beijam bem? Todos eles usam barba e bigode? Eu não tinha nada para contar. Tinha dado alguns amassos, coisa de bêbados, mas não me apaixonara por ninguém. Não tinha coragem de me interessar por ninguém. Sentia-me velha, enrugada e invisível. – Vamos falar de outra coisa – quis mudar de assunto. – Quando você vêm para Paris de novo? Descobri uns lugares legais para dançar.

Nos meus últimos dias em Nova York, encaixei o maior número possível de conversas como essas com AJ, sinceras, honestas e catárticas. Mas também tinha que dividir o tempo dela com seu novo amor. Tanta coisa havia mudado desde que eu partira, e não era apenas o fato de os restaurantes terem perdido a qualidade ou os cafés que servem *macarons* surgirem do nada como claras em neve bem batidas.

Enquanto preparava as malas para voltar para Paris, percebi que estava na hora de abrir mão de Nova York por um tempo. Todas as coisas que sempre amei nessa cidade ainda existiam, mas, depois de viver no exterior, eu as via com uma nova perspectiva. Talvez menos gentil e compreensiva. Era um pouco estranho, e me partia o coração perceber que tudo e todos estavam seguindo adiante (e mudando-se para o Brooklyn) sem mim. Mas tudo bem também. Agora eu tinha Paris.

Mais pontos de doces no mapa

Assim como os parisienses estão em meio a um frenesi de cupcakes, os nova-iorquinos estão se jogando nos macarons como se não houvesse um demain. Para experimentar sabores criativos como os de Pierre Hérmé, vá à Dessert Truck Works no Lower East Side, que oferece variedades sazonais como abóbora e amora e Maker's Mark.[2] Lindos clássicos – limão, caramelo salgado, pistache – podem ser encontrados ali perto na Bisous Ciao. Você também pode dar um pulo na loja de qualquer um dos mestres franceses, como François Payard, Bouchon Bakery e La Maison du Chocolat. Mas, o melhor de tudo é que você pode ver por que os franceses dão tanta importância e essa iguaria: a Ladurée debutou em Nova York no verão de 2011.

Como os pequenos pedaços de alegria formados por dois biscoitos são tão icônicos em Paris, não é preciso dizer que você poderá vê-los por todos os lados, não apenas nas poderosas como a Pierre Hermé e a Ladurée. Na verdade nunca experimentei os das padarias de bairro, mas encontrei bons macarons na Jonathan Blot no 17º, na Arnaud Delmontel no 9º e, mais uma vez, na Jean-Paul Hévin no 1º arrondissement (o homem tem certo favoritismo no meu livro).

---

[2] Marca de bourbon produzido em Loretto, no estado americano do Kentucky.

Capítulo 6

DESMORONANDO A CAMINHO DA PERFEIÇÃO

𝒟urante meses, estava entusiasmada com a minha vida em Paris: como as árvores cortadas em formatos quadrados eram charmosas e os trabalhos em ferro com as pontas douradas, maravilhosos; como eram graciosos os *hôtel particuliers* do século XVII e invejáveis as pernas das mulheres francesas; como eram doces os morangos e divinos os vinhos. Acho que se poderia dizer que eu estava me gabando até não poder mais de como tudo em Paris era simplesmente... *perfect*.

Até parece.

Depois de visitar Nova York, sempre com uma postura insuportável de "tudo em Paris é melhor", o carma se manifestou. Claro, minha nova casa era linda, romântica, adorável e incrível, com deliciosas padarias e doceiras cheias de *viennoiserie* e *gâteux* delicados a cada esquina.

Mas também era frustrante para caramba.

Infelizmente, a minha nova vida parisiense não era apenas bebericar champanhe na cobertura da agência com uma vista privilegiada da torre Eiffel e do Arco do Triunfo. E nem todo dia havia uma visita abençoada a uma nova chocolateria impecável onde fontes de três andares jorravam chocolate derretido. Na verdade, desde que o verão virara outono, a fantasia tinha acabado. Assim como havia me sentido uma estrangeira poucas semanas atrás em Nova York, voltar a Paris fez com que eu ficasse extremamente consciente da gigantesca diferença cultural. Estava surpresa – e, *oui*, um pouco magoada – de ver que o meu novo amor, na verdade tinha, defeitos. E eu não gostava do que parecia vir pela frente.

Minha volta de Nova York em setembro coincidiu com *la rentrée* – um período de novos começos mágicos em Paris que é como a "volta às aulas" nos Estados Unidos, só que maior e mais profunda. Além de as crianças ganharem estojos e calças de veludo novas depois de passar o verão caçando pirilampos e fazendo fogueiras, essa é a estação da renovação. A mudança é aceita e celebrada por cada cidadão orgulhoso; é um retorno ao lar, festejado pela cidade inteira, que volta a trabalhar depois de passar semanas jogada *à la plage* – a menos, é claro, que eles sejam como eu e a equipe da Louis Vuitton, que trabalhamos não apenas durante todo o sagrado mês de calor, mas também todos os finais de semana.

Para ser justa, a desilusão começou a chegar antes da minha visita a Nova York e da *rentrée* em Paris. O verão estava apenas acabando quando a Vuitton anunciou que queria um site novo – um projeto enorme – e que também ia abrir a oportunidade para outras agências. Nós continuaríamos a fazer a publicidade digital já existente, mas também deveríamos defender a conta e mostrar que éramos capazes de assumir o novo projeto. Em outras palavras, haveria concorrência. *Au revoir*, verão.

Mas não fomos requisitados apenas para defender nosso trabalho (e nossa honra) – tivemos que fazer isso com a boca tampada e os olhos vendados. De joelhos, com as mãos amarradas atrás das costas. No mesmo dia em que soube da concorrência, Fred, o diretor de criação anunciou que estava se mudando com a família para Nova York. Ele ia cair fora. O diretor de criação mundial da agência ficou indo e voltando entre Nova York e Paris o verão inteiro para ajudar a preencher o vazio, mas ainda assim havia sido uma grande perda. Pessoalmente, foi estranho saber que o cara que tinha sido responsável pela minha estada em Paris iria embora pouco depois da minha chegada. E no que diz respeito ao trabalho, não podia deixar de pensar que a partida do diretor de criação não era um bom presságio sobre as nossas chances de ganhar a concorrência para o relançamento da Louis Vuitton.

Acho que posso dizer que me senti abandonada com todo esse comportamento pouco gaulês. Meus sonhos de piqueniques ao longo do canal em agosto foram destruídos. Isso sem falar das bombas de chocolate repletas de cobertura, dos brioches amanteigados que pediam para serem escolhidos e devorados, das tortas de framboesa com suas frutas maduras perfeitamente espalhadas por cima de camadas de *crème pâtissière* e crostas úmidas de *pâte sablée* que não seriam degustadas enquanto eu estaria no escritório.

Quer dizer, claro, era divertido e sexy escrever sobre bolsas de couro macio e as coleções para cruzeiros, cheias de brilhos, criadas para milionários que precisavam de guarda-roupas para suas temporadas de duas semanas em St. Bart's e Gstaad. Era empolgante sonhar com novas maneiras de dar vida à rica e impressionante história de

155 anos dessa marca de luxo – trabalhar em uma conta como a da Louis Vuitton é uma coisa pela qual os redatores matariam (e, pior, dariam facadas pelas costas!). Mas mesmo assim, eu teria escolhido o prazer relativamente modesto de dar uma mordida em um crepe de Nutella quente no bulevar Saint-Germain no lugar de ter de rascunhar chamadas inteligentes a toda hora. Especialmente aos sábados e domingos.

Felizmente, eu tinha conseguido fazer algumas viagens em maio e junho. Na verdade, maio é um mês cheio de feriados nacionais na França e, naquele ano, eles caíram em dias que significaram três finais de semanas prolongados em um mês. Aproveitei ao máximo.

Minha primeira viagem para fora da cidade foi quando Michael e eu rodamos pelo vale do Loire e passamos dois dias visitando *chateaux* e bebericando Vouvray, o espumante local. Então fiz uma viagem solo para Biarritz, uma cidade praiana incrível perto da fronteira com a Espanha, conhecida pelas ondas grandes e pelos campeonatos de surfe. Apesar de eu praticamente não saber nadar, adoro o ar salgado e a energia relaxada das cidades costeiras, e Biarritz se mostrou sossegada e sofisticada. Fui ao incrível *marché* da cidade – outra orgia francesa de pães, queijos, doces, frutas, legumes, vinhos, carnes e frutos do mar – e comprei um lindo pedaço de *pain aux céréales* (pão integral fresco e denso), *brebis* (um queijo de leite de cabra local) e morangos (tão doces) para fazer um piquenique na praia enquanto observava os surfistas. Passei os outros dias experimentando doces regionais como o *gâteau Basque* e a *pâte d'amandes*. O primeiro era uma torta de massa podre recheada com compota de cerejas, e o segundo era basicamente marzipã. Ele vinha em infinitos sabores, de framboesa e limão a pinoli e chocolate, e às vezes era fatiado e embalado como se fosse uma barra de chocolate, e às vezes cortado em quadradinhos, cobertos de açúcar e vendidos em saquinhos como se fossem bombons. Era delicioso dos dois jeitos.

E em junho, Melanie, uma das minhas amigas solteiras de Nova York, encontrou-se comigo para passar uma semana na Côte d'Azur. Exploramos vilas nas montanhas e trilhas à beira-mar de tirar o fôlego, e caminhamos morros acima e descemos ruas esburacadas. Passeamos pelo famoso *croisette*, ou bulevar à beira-mar, em Cannes e comemos peixe fresco e *gelatos* cremosos na antiga cidade de Nice até não poder mais. Usamos biquínis e vestidos de verão, e dançamos em cima de mesas e bebemos Pastis. No final daquela semana, voltei a me sentir jovem e livre como uma universitária. Cada viagem fez com que eu me apaixonasse ainda mais pelo interior da França e agora parecia pura crueldade não poder passar o verão inteiro curtindo escapadas para o exterior.

Mas havia algum consolo em ficar tanto no escritório. Finalmente estava me aproximando da minha equipe da Louis Vuitton e até conhecendo outras pessoas. Em uma das radiosas tardes de sábado de julho em que estávamos enfiados no escritório, conheci Jo, uma diretora de criação australiana que trabalhava na agência havia dois anos. Eu tinha feito uma pausa para ir até o terraço e torcer para os ciclistas do Tour de France que estavam dando suas voltas finais pela Champs Élysées (outra coisa boa de ter que trabalhar aquele dia, acho: ter uma visão privilegiada desse importante evento). Jo fazia a mesma coisa, mas ela estava aproveitando o dia todo no terraço da agência com um grupo de expatriados e um piquenique com várias guloseimas.

Conhecia de longe o estilo descolado de Jo no escritório, mas nunca tivera a oportunidade de conversar com ela. Naquele dia, percebendo uma afinidade, ela se apresentou e insistiu para que eu tomasse um pouco do seu rosé – um gesto simpático e generoso que não passou em brancas nuvens. Antes de eu voltar ao trabalho, combinamos de almoçar juntas quando minha agenda se acalmasse. Depois de ralar o verão inteiro, nós – Jo e eu – almoçamos, e nós – a agência – ganhamos a concorrência do site. O trabalho pesado do verão valera a pena.

Antes de ficar muito ocupada novamente, queria aproveitar a energia de *la rentrée* e tomar resoluções para crescer e melhorar – o tipo de gesto otimista que a Oprah teria me inspirado nos Estados Unidos com a edição de janeiro da *O Magazine*. Com motocicletas acelerando pela cidade novamente como enxames de abelhas zangadas e *mamans* chiques caminhando apressadas com suas saias estampadas, acompanhando os adoráveis bebês que tinham guarda-roupas melhores que o meu, estava determinada. Era hora de traçar alguns objetivos. No alto da lista: estudar mais francês, pegar trabalhos *freelance* de texto e fazer novos amigos.

Estava na hora de ver quanto as minhas raízes podiam se fixar nessa cidade.

Achei que era *une vraie Parisienne*, voltando de Nova York e adotando essa norma social. Mas, praticamente, quando terminei de rascunhar minha lista, perdi a motivação. De repente, nada me motivava ou inspirava. E em vez de mergulhar nos pronomes possessivos e entrar em contato com todas as publicações americanas como tinha prometido fazer, peguei-me evitando o livro de francês como se ele fosse *la grippe* e procrastinando os poucos trabalhos que já tinha.

Até mesmo minha paixão pela Vélib tinha desaparecido. Com toda a cidade de volta da praia, de repente os bulevares estavam cheios de Peugeots e Renaults e sua espessa fumaça. Além disso, o sol começava a se pôr cada vez mais cedo e já estava escurecendo quando eu saía do trabalho. As ruas pareciam inseguras, e eu não tinha coragem de andar de bicicleta. Estava em meio a uma nuvem de paralisia e angústia. Sentia-me cansada, dolorida, estressada e nervosa – não era exatamente a *rentrée* magnífica que tinha imaginado.

Uma coisa que me manteve de pé foram as noites e os finais de semana em que passeava pela cidade. Comecei a ficar entusiasmada, olhando os vestidos longos e *haute talons* impossivelmente altos nas vitrines das butiques chiques da rue Saint-Honoré, e ficava alegre de escolher meus pêssegos e alhos-porós nos mercados das rues Cler e d'Aligre. Era emocionante contar os diferentes anjos, santos e gárgulas que decoravam a fachada dos apartamentos e a maneira como as pessoas cultivavam verdadeiras florestas em suas varandas de um metro e pouco de comprimento. Adorava explorar as diferentes vizinhanças, com todos os pequenos e fofos *cul de sacs* e padarias antigas, e inevitavelmente eu me perdia, o que tornava a descoberta de uma butique eclética aleatória ou de algum parque solitário ainda mais mágica. Fazer parte do ritmo diário de Paris era o motivo de eu estar ali.

Mas, na verdade, como o trabalho na agência cada vez maior e os prazos cada vez menores me lembravam, eu estava em Paris para... trabalhar. Mesmo tendo voltado a uma vida normal depois da empreitada pela concorrência durante o verão inteiro, estava trabalhando mais horas e mais intensamente do que em Nova York. Quando havia chegado, na primavera, ficara chocada ao descobrir que a maioria das pessoas continuava trabalhando no escritório até bem depois das 19 h todas as noites. Mas agora, o meu horário de saída normal era às 20 h. A semana de trabalho francesa de 35 horas em que eu acreditava quando cheguei, não passava de um mito. E para piorar as coisas, sabia que os dias podiam ser mais curtos se não tivéssemos essas reuniões absurdas nas quais meus colegas demonstravam suas incríveis habilidades de verbalização, opinando e deliberando por horas sem nunca chegar a uma conclusão. Os franceses adoravam se ouvir falar. (Ou, como disse Steve Martin, com mais bom humor que eu, "Cara, esses franceses. Eles têm uma palavra diferente para tudo".) Além disso, embora Fred e Isa tivessem ido embora dois meses antes, ainda não haviam sido substituídos. Estávamos com pessoal a menos e eu fazia malabarismos para dar conta de uma carga de trabalho que seria de três pessoas. Em Nova York, meus diretores teriam chamado um pequeno exército de *freelancers*. Em Paris, minhas perguntas sobre os substitutos e os pedidos de ajuda eram respondidos com o mais absoluto silêncio.

Eu sorri e suportei o ritmo intenso em cada final de semana perfeito e ensolarado de agosto. Mas conforme os dias foram ficando mais escuros com a chegada do outono, o mesmo aconteceu com o meu humor. Estava recebendo tarefas novas e cada vez mais exigentes – esboçar plataformas estratégicas, criar planos de mídia social, escrever apresentações para os clientes – e nunca sabia se isso acontecia porque em Paris o papel do redator era diferente do que em Nova York, se a vida na agência era diferente nas duas cidades ou se era só porque eu estava me ferrando. De todo jeito, estava sozinha. Não tinha um chefe a quem fazer essas perguntas, e dificilmente podia dizer não para o trabalho. Eu tinha de aguentar.

Finalmente, quando me empurraram a responsabilidade de inscrever um dos nossos quatro sites em um prêmio, tive de me posicionar. Essa tarefa exigia que eu escrevesse um roteiro para um estudo de caso. Mas a agência dispunha de uma relações pública que deveria lidar com coisas como essas. O time da conta era de quatro pessoas e havia apenas uma redatora: eu, que tinha toneladas de trabalho para fazer, obrigada. Inscrição em prêmios era uma das coisas que fiz no meu primeiro emprego em São Francisco como assistente de criação. Eles realmente haviam me transferido, uma diretora de criação adjunta, para seis mil quilômetros de distância para escrever estudos de caso? E eu realmente tinha trocado minha vida fácil em Nova York para trabalhar como um cão em Paris?

O estudo de caso estava acabando comigo. Sempre que eu apresentava uma versão para a equipe, alguém vinha com uma nova opinião, e eu era levada para uma nova direção. Era um caso clássico de tentar acertar uma mosca voando, porque ninguém tinha se preocupado em pensar na estratégia ou no objetivo. Enquanto isso, meus projetos estavam se empilhando. Novos programas e produtos ainda precisando de promoção. Havia a manutenção do site, além do projeto de relançamento que estava em andamento. E também gastava tempo recrutando e entrevistando candidatos a redatores para fazer parte da equipe. Estava desesperada para ter reforço.

Não havia linha de comando ou prioridades, apenas um desejo confuso de continuar a falar sem chegar a nada, o que aos poucos estava me levando à loucura e – se isso significasse seguir procedimentos e orientações com os quais contava antes, no ambiente de trabalho americano – até a querer abandonar o fabuloso *bureau* Beaux-Arts na Champs Élysées e voltar para os escritórios corporativos miseráveis no buraco do inferno chamado Times Square. Fiquei pronta para fazer as malas Quando me vi em uma sala de reuniões sem janela às 6h da tarde de uma sexta-feira, absolutamente cansada e frustrada, com minha equipe da conta me encarando sem nenhuma expressão no rosto, como só os franceses sabem fazer, estive a ponto de bater em retirada.

– Não entendo – disse, olhando para o meu rascunho cheio de correções. – Não entendo, não entendo – repeti para mim mesma. Apesar de nossa equipe se comunicar em inglês, eu andava tão confusa e exausta ultimamente que talvez estivesse tentando falar suaíli. Eles agora me apontavam outro caminho, o que exigiria mais meio dia de trabalho. – Mas por que eu estou fazendo isso? – perguntei, ciente de que parecia horrivelmente reclamona. Mas, Deus, foi ótimo apresentar meu eu de 6 anos de idade à equipe e choramingar pela primeira vez em seis meses!

– Você é a redatora – disse Cedric calmamente... dã. Cada vez que eu expressava uma dúvida ou levantava uma questão, ele tinha a maneira mais brilhante de explicar de modo simples: não, na verdade "A" poderia ser colocado na geladeira, e "B" não tinha importância, e "C" estava fazendo "D", e tudo o que eu precisava fazer era focar em "E", porque "F" e todo o resto era absolutamente administrável por uma pessoa, e não havia motivo para eu ficar assustada. De modo algum. Americana bobinha. Menina bobinha.

Mas essa situação era simplesmente ridícula. Parecia mais que uma simples diferença cultural. Era besteira. Isso não era meu! trabalho! de! jeito! nenhum!

Olhei desesperada para a sala ao meu redor, pequena e desolada. Eram quatro pessoas da conta contra uma redatora. Ninguém queria se responsabilizar pelo projeto, e não tinha ninguém do meu lado. Ninguém para me apoiar. Fazia de tudo para manter as coisas bem e me adaptar. Tentava me superar em todas as tarefas. Tentava entender como funcionam as impressoras e o escâner, as políticas e os processos da agência, meus colegas e clientes. Ainda estava tentando me adaptar ao teclado francês. Então olhei para minha equipe que me encarava como se eu fosse a louca naquela noite e fiz a única coisa possível: perdi o controle.

Lembro quando um ex-namorado em Nova York me chamou de controladora: morri de rir. *Moi*? Controladora? Pareceu-me a coisa mais engraçada do mundo. Por cerca de três segundos, até eu me dar conta de que ele estava certo. Eu meio que gosto das coisas do meu jeito. E tive o mesmo momento trágico de revelação quando a Melissa usou a palavra que começa com P comigo.

– Como você se sente – ela perguntou no dia seguinte, bebericando seu negroni na minúscula mesa de café onde estávamos sentadas, – Não sendo perfeita?

A cada conversa, Mel e eu percebíamos que éramos praticamente a mesma pessoa, só que nascidas com cinco anos de diferença. Ela também era de Nova York e tinha se mudado para Paris aos 36 anos. Ela já tinha trabalhado com publicidade e sabia a loucura que era. Enquanto estava sofrendo com um bloqueio criativo com os meus artigos *freelance*, ela passava o mesmo com o seu romance. Ela era solteira e de certa idade, e estava bastante feliz e confortável com isso. Nós duas adorávamos Fleetwood Mc e The Jesus and Mary Chain, peônias e YSL vintage, decoração de interiores e estilo shabby-chic. Éramos sensíveis e sentimentais, mas fortes e independentes. Juntas, não nos importávamos de parecer ridículas dançando e imitando o "Y.M.C.A." em um bar lotado cheio de estranhos. Às vezes a sintonia era tanta que descobrimos que sentíamos saudades de casa, tédio, cólicas ou dor de barriga ao mesmo tempo, apesar de ficarmos dias sem nos vermos. Felizmente para mim, era ela quem tinha alguns anos a mais de experiência e podia me passar seus aprendizados – mesmo que nem sempre eu quisesse ouvi-la.

– Como assim? – esbravejei. – Você acha que estou tentando ser perfeccionista? Só estou tentando fazer o meu trabalho!

– Escute, querida, sei como é. Sei pelo que está passando e confie em mim quando digo que você simplesmente não vai dar conta de fazer tudo: o trabalho, mais o *freelance*, socializar, escrever o blog... – Àquela altura, meu blog sobre as dores e as delícias da vida de expatriada em Paris tinha se tornado um pequeno vício com um público seguidor. Muitas vezes ele me mantinha acordada até de madrugada. – Você vai ter de abrir mão de alguma coisa. – Sua mão esfregava gentilmente o meu ombro enquanto ela me forçava a fazer contato visual. – Você não pode continuar a ter o olho maior que a barriga. Há coisas piores do que não ser perfeita.

– Do que você está falando? Não estou tentando... Não estou tentando ser... perfeita! – Depois de finalmente colocar a palavra para fora, pude sentir as lágrimas brotando nos meus olhos. Ela tinha tocado no ponto certo. Queria ser gostada e respeitada pelos meus colegas. Queria provar que era boa para a equipe da Louis Vuitton. Queria fazer um trabalho incrível não só por que fora para isso que eles tinham me trazido ali mas por que sentia que precisava me posicionar como americana, mulher e... Amy. *Little Miss Parfait*. Eu queria fazer tudo. E Melissa podia enxergar dentro de mim.

No final daquele dia, depois de Melissa ter aturado meu segundo ataque em alguns dias e me mandando embora com um enorme abraço americano, fiquei de pé do lado de fora da nova *haute pâtisserie* Hugo et Victor, ajoelhando em um dos meus altares de perfeição prediletos. Tudo começou a fazer sentido. As camadas meticulosamente medidas de mousse e *ganache* sobre uma massa folhada com *pralinê* do bolo *choco-passion* de Jean-Paul Hévin. Os sublimes círculos simétricos e individuais de patê à choux recheados com um lindo e ondulado *crème praliné* do Paris-Brest da La Pâtisserie des Rêves. As decorações de *fondant* impecáveis dos bolos caleidoscópicos de Arnaud Delmontel. Todos esses lindos doces parisienses tornavam a vida tão adorável, maravilhosa... e perfeita. E foi como se eu levasse uma torta na cara: "Não aguento coisas bagunçadas".

Acho que é uma síndrome de filha de pais divorciados: se o apartamento está limpo e arrumado, então está tudo bem. Se meu armário e minha conta estão organizados, estou no controle total da minha vida. Se os patês da festa estão arrumados de um determinado jeito, isso é garantia de que todos vão se divertir. Todas as dificuldades e incertezas da minha nova vida, a luta com uma língua estrangeira e uma cultura diferente, a falta de saber o que fazer na hora certa ou a coisa certa a dizer, tudo isso... essa... bagunça... Estava me deixando louca.

Mas, se eu realmente fosse uma controladora como dizia o meu ex-namorado, então eu não deveria ser capaz de, controlar as coisas? Eu não tinha o poder de fazer as mudanças que precisava? Eu poderia fazer alguma coisa a respeito desses sentimentos de frustração e inadequação e me colocar num lugar melhor. Começando agora.

De pé diante da vitrine brilhante cheia de bolos da Hugo et Victor, conjurei toda a minha força de vontade e, em um desafio, virei as costas para essas criações formais, arrumadas, bonitas e de cor pastel. "Hoje não, meus amores." Estava na hora de fazer bagunça.

Por sua própria natureza, o *crumble* é uma bagunça quente e amontoada: uma base de frutas semilíquida, uma cobertura lançada de maneira aleatória e uma textura que se alterna deliciosamente entre o tenro e o crocante. A fruta empresta a acidez e a cobertura de farofa dá o toque doce – um sem o outro é como creme de amendoim sem Fluff, bolo sem cobertura, uma bolacha Oreo sem recheio branco. E se você ousar tentar fazer do *crumble* uma sobremesa *haute* perfeita em vez da pilha morna de comida nutritiva que ele é, vai dar de cara com a parede – mais ou menos o que aconteceu comigo há alguns meses, quando me desequilibrei nas escadas da loja do Robert Clergeries.

Com tal pedigree, não é à toa que o *crumble* seja uma sobremesa tradicional inglesa. Os britânicos não são de brincadeira. Eles criaram o *crumble* durante a 2ª Guerra Mundial, quando os ingredientes para tortas eram racionados. Deixaram de lado a base da torta e simplesmente esquentaram uma compota de frutas que era polvilhada com uma mistura de margarina, farinha e açúcar para deixar todo mundo o mais satisfeito possível durante os tempos de carestia.

Eu tinha sucumbido aos encantos do *cobbler* de mirtilos do Make My Cake, a animada padaria no Harlem que servia especialidades do sul dos Estados Unidos, como pãezinhos de Páscoa e bolo *red velvet*, feitos a partir de receitas secretas de família, desde 1995.

– *Crumble*? O que é isso? Você quer dizer *cobbler*? – o cara atrás do balcão sorriu para mim quando pedi pela primeira vez a sobremesa com o nome errado. Ao longo do tempo, em diferentes partes do país, os americanos adotaram diferentes versões do *crumble*. Há a crocante, que é essencialmente a mesma fórmula um pouco azeda do *crumble* britânico. O *brown bettie*, no qual pedaços de farinha amanteigada são assados entre as camadas de fruta – sendo que a mais comum é a maçã. E os *cobblers*, as tradicionais sobremesas de travessa do sul dos Estados Unidos, com uma camada de massa de torta por baixo e uma grossa cobertura de massa de biscoito ou de torta. A Make My Cake faz travessas gigantes de recheio de torta açucarado e melado coberto com biscoito amanteigado. Quando o cara descobriu o que eu queria, ele o colocou em uma desajeitada embalagem para viagem, sem se preocupar com a apresentação. Mas não importava; isso não afetou o sabor. Era o tipo de sobremesa que, de tão ruim, era boa. Encheu minha barriga. E parecia um abraço atrapalhado e doce. Agora que estava em Paris, precisava de uma dose daquele amor.

Um dia, durante o meu Tour do Chocolate da viagem anterior, enquanto passava pela rue de l'Université, quase voei da minha Vélib depois de frear bruscamente. Nesse canto calmo do *7º arrondissement*, uma área conhecidamente anglófila, fui distraída – muito distraída – por uma mesa de dois andares cheia de bolos e tortas magníficos que vi na vitrine de um pequeno salão de chá. Um senhor deve ter visto meu ato de admiração atrapalhado lá de dentro, pois, enquanto sacava meu caderninho para anotar o nome do salão, segurando a pesada bicicleta de modo desajeitado entre as pernas, ele apareceu do nada e gentilmente me estendeu um cartão de visitas: Les Deux Abeilles, As Duas Abelhas. Agradeci antes de partir para o meu caminho de chocolate, prometendo voltar.

Dois anos depois, pensei no salão de chá. Sentei numa Vélib e atravessei a cidade pedalando, e fiquei feliz em ver que o Les Deux Abbeilles era tão fofo como o que tinha guardado na memória. Era de um charme antiquado, com papel de parede florido e móveis antigos, e vasos de flores e plantas davam um toque de cor e frescor. Os dois salões estavam inundados pelo sol que passava por claraboias e pelas portas de duas folhas que se abriam para a calçada. Senti-me tão confortável e segura como se Anne e Valeria Arella, a equipe de mãe e filha que tocava o lugar, tivessem me convidado para sua própria casa no campo. E muito relaxada. Vi imediatamente que, além de tortas, *crumbles*, *scones* e bolos da vitrine que quase haviam causado um acidente, havia uma outra mesa repleta de doces irresistíveis.

Terminei meu *omelet nature* com a salada perfeitamente temperada, mas estivera olhando para as duas mesas, avaliando as opções durante todo o almoço.

– Você se importaria de me explicar o que são as sobremesas? – perguntei à linda e elegante Valeria. Ela estava de jeans branco, uma blusa de gola em V de caxemira cor camelo e usava o cabelo preso em um elegante rabo de cavalo, e imaginei que ela só conseguia se manter tão magra porque administrava um lugar tão popular como aquele seis dias da semana.

– *Bien sûr* – ela respondeu. Apesar da confusão do almoço, ela me guiou pessoalmente para a parte da frente do salão, me colocando frente à frente com 10 mil calorias.

– Esse é um *clafoutis* de pera e *pralinê* – ela começou, apontado para uma sobremesa parecida com um pudim e que lembrava uma quiche doce e sem base virada de cabeça para baixo. – Essa é uma torta de pêssego, e essa é de ameixa – ela continuou a identificar as sobremesas, uma a uma.

– Vocês fazem todas aqui? – perguntei.

– Sim, somos como acrobatas na cozinha, porque ela é muito pequena. *C'est pas comfortable* – Valeria confidenciou com um leve subir de ombros e um pequeno sorriso. Ela me contou que faziam as mesmas receitas desde que ela e a mãe, as "duas abelhas", abriram o salão de chá em 1985. Então ela voltou ao que interessava. – Aquela ali é uma torta de merengue de limão, esse é um bolo *fondant* de chocolate, esse *fondant* de chocolate tem *pralinê*, e esse aqui é um *brownie* de chocolate. – Então ela me guiou para a outra mesa, onde meus olhos gulosos ficaram ainda maiores enquanto ela continuava com o desfile de possibilidades. *Scones*, *tarte tatin*, *cheesecake* e, finalmente, ela terminou com o que eu estava esperando. – E o *crumble* do dia é de ruibarbo com maçã. – Ela virou para mim. – Vou lhe dar um minuto para decidir – disse sorrindo e foi para a cozinha.

Fiquei sentada na mesa, observando a cobertura dourada do *crumble*, com o barulho de xícaras batendo e conversas íntimas ao fundo. Era parecido com o *cobbler* do Make My Cake, porque era um prato gigante de fruta que escorria misturada aos pedacinhos de cobertura – exatamente o motivo que tinha me trazido até ali. Mas não havia dúvidas de que era francês. Apesar de ser mais bagunçado do que os *gâteaux* pelos quais me apaixonei Paris afora, o *crumble* do Les Deux Abbeilles, apresentado em um prato redondo de porcelana branca, ainda era mais refinado. Parecia espesso, doce e crocante. Praticamente podia sentir os pedaços amanteigados e a compota de fruta convergindo em uma mistura caótica de sabores e texturas na minha boca.

Mas agora aquele *clafoutis* de pera e *pralinê* estava piscando para mim do outro lado da sala, como se fosse uma terrina cheia de ovos caída do céu. E o merengue de limão alto e areado me tentava, assim como o enorme *cheesecake*, mais fofo que os americanos, com mais *finesse*. Bolo de chocolate derretido nunca pode ser uma escolha errada, estava racionalizando comigo mesma, quando a Valeria voltou.

– *Alors*, o que vai ser?

Olhei para sua presença reconfortante.

–Vou querer o *crumble*, por favor.

Depois da minha difícil decisão, fiquei aliviada ao saber que tinha acertado ao seguir minha intenção original. Cinco minutos depois, chegou um pedaço generoso de *crumble* de ruibarbo com maçã, aquecido na pequena cozinha e servido com uma porção de chantili fresco, que formava uma nuvem fofa e densa. Fiquei sentada por um minuto, contemplando a imperfeição do *crumble* e sua cor marrom sem graça. Os pedaços de ruibarbo rosa-claro e às vezes verde apareciam aqui e ali e bolinhas da cobertura rústica enfeitavam o meu prato. Na parte em que o *crumble* encostava no prato, havia se formado uma camada pegajosa de suco de fruta caramelizado e açúcar. Parecia uma torta que tinha feito estripulias dentro da sua caixa de transporte e havia chegado machucada e desmontada. Ele não era nada perfeito. A não ser pelos seus sabores ácidos. A não seu ser pelo seu calor reconfortante. A não ser pelo fato de ser exatamente o que eu queria e precisava. Saboreei cada pedaço suculento e crocante. Foi maravilhoso.

Voltei para o escritório na segunda-feira, encarei meu emprego imperfeito, minha situação imperfeita e minhas próprias imperfeições. Durante todos esses meses, idealizei todos os bolinhos perfeitos, assim como fiz com Paris, como cidade e como meu novo lar. E vi que ninguém estava esperando que eu fosse perfeita – a não ser eu. Assim, não pude surpreender meus colegas com meu francês fluente. Talvez eu não fosse me superar em tudo o que a equipe da Louis Vuitton me pedisse para fazer. E daí se minha sobremesa descoberta no final de semana mais parecia saída de uma barraquinha de bolos da 3ª série do que com os bolos perfeitos da vitrine da Hugo et Victor? Realmente, é daí?? Estava na hora de ser mais aberta: ao inesperado, ao desconhecido e, especialmente, ao imperfeito.

Mais pontos de doces no mapa

Curiosamente, os são muito populares em Paris. Não apenas estão presentes com frequência em restaurantes e salões de chá, como muitas vezes são feitos em casa para o jantar de domingo ou vendidos em padaria e, às vezes, assados em grandes fôrmas, fatiados e servidos em porções retangulares. Eu? Eu gosto dos minúsculos crumbles *circulares de pistache e cereja servidos na Eric Kayser.*

Crisps e crumbles *aparecem ocasionalmente no cardápio de sobremesas nova-iorquino (a sempre divina Gramercy Taverna me vem à mente), mas são mais difíceis de achar do que em Paris. Nas padarias, normalmente trata-se de uma coisa sazonal oferecida perto dos feriados de outono. Mas a Little Pie Company faz uma deliciosa torta de creme azedo com maçã e nozes cuja cobertura de farofa é muito parecida com a de um bom* crumble*. E é servida o ano todo.*

Capítulo 7

BOLOS PARA SEREM AMADOS E CELEBRADOS

Posso ter aceitado minhas imperfeições, mas os homens parisienses não. Quer dizer, nada de amassos em cafés a la Robert Doisneau, passeios à luz da lua ao longo do Sena e dançarinos bailando sob a luz rósea dos postes. Minha vida amorosa até o momento não tinha exibido nenhum dos requintes românticos que os pôsteres em preto e branco do meu dormitório da faculdade tinham me prometido 16 anos atrás. O fato triste era que ela me lembrava mais os pôsteres dos Três Patetas do dormitório de faculdade do meu namorado: engraçada, ridícula e em grupos de três.

Meu primeiro encontro surgiu, como era de se esperar, depois de sair uma noite com o Michael. Como ele era meu inveterado amigo solteiro, tínhamos feito um acordo implícito de nos ajudarmos quando nos encontrávamos para *happy hours* e noitadas.

–Então? Pegou o telefone dele? – ele veio animado até a mim no final da noite no Experimental, um dos bares de coquetéis mais chiques – não, um dos únicos da cidade, – que tinha sido aberto um ano e meio atrás por três amigos elegantes. Estava mais para um clube do East Village do que um simples *comptoir* ou um café que pode ser encontrado em qualquer canto, proporcionando ao público majoritariamente internacional um lugar sofisticado para beber e dançar. Não ficava nem a duas quadras da minha casa na árvore e eu tinha sorte de chamar esse pequeno gostinho de casa de "meu bar".

– *Oui, oui,* e dei o meu para ele – bocejei. Sempre ficava acordada até mais tarde do que deveria quando saía com o Michael. Apesar de não ter me encantado especialmente com o filhinho de papai sueco, alto e magrelo com o qual tinha conversado por quarenta minutos, estava determinada a viver de acordo com o meu novo bordão para Paris: "Seja aberta. Diga sim". Então combinei de encontrar o varapau para um drinque na semana seguinte. Michael e eu comemoramos.

A noite não começou muito bem. Alec, o varapau sueco, havia sugerido que nos encontrássemos do lado de fora de um bar na rue Saint-Denis. Digamos que, a menos que você tenha algo entre as pernas, a rue Saint-Denis não é o lugar mais agradável do mundo – um trecho infame com sex shops, casas de massagem e prostitutas cinquentonas com botas de vinil e implantes de silicone do tamanho de uma bola de basquete passeando pelas calçadas. Tentei ficar de cabeça erguida depois de esperar 15 minutos pelo Alec, enquanto homens lascivos cochichavam e me mandavam beijos o tempo todo. Foi uma das poucas vezes que fiquei aliviada, e não chateada, por não poder entender nada do que me diziam. Estava quase mandando uma mensagem para cancelar o encontro quando o varapau apareceu, com seu cabelo castanho na altura do ombro soprando ao vento. "No que eu estava pensando quando concordei com isso?" Mas assim que a ideia me passou pela cabeça, mandei-a embora, tentando aceitar a noite com meu novo otimismo. (Seja aberta! Diga sim!)

Quando estávamos acomodados dentro de um bar perto dali com copos de gim tônica nas mãos, Alec rapidamente progrediu da conversa furada para a paquera e a sedução. Depois de alguns minutos, ele se inclinou na minha direção e começou a me beijar. Sem nenhuma tentativa de esquentar o clima primeiro. Nenhum beijinho de oi, você. Simplesmente um ataque. E ele não beijava bem. Isso posto, devo dizer que fiquei lisonjeada. O garoto era provavelmente 12 anos mais novo que eu e, para mim, não estava claro se o nosso encontro, marcado uma semana atrás, seria platônico ou romântico. Depois de meses de momentos solitários, finalmente saía com alguém. Então fui em frente, ainda sendo aberta! Ainda dizendo sim!

– Então – ele disse, se recostando na cadeira, todo sorridente, com o peito aparecendo porque a camisa jeitosa estava com um botão aberto a mais do que deveria. – A gente vai para casa ou vai encontrar meus amigos numa boate?

Fazia tempo que alguém não me deixava sem palavras e então ri na cara dele. – Hum, certo – disse, secando meus lábios. – Por que não encontramos os seus amigos? – concordei relutante.

Meu sensor de besteira estava em alerta máximo, aparentemente saímos para ir a essa tal boate, mas, no caminho, ele me levou para um bar vazio e muito iluminado com música deprimente. Foi então que me dei conta de como a música francesa é horrível. Claro, eles tiveram o Serge nos anos 1960, o Air nos 1990, e pode me colocar na lista de fãs do Phoenix. Mas fora isso, a música *house* ultrapassada e os cantores bregas são embaraçosos.

Alec marchou até o bar como se fosse dono do lugar e pediu para ele, só para ele, uma bebida e, apesar de ter sido generoso o suficiente para me deixar dar alguns goles na sua vodca com licor de menta, declinei depois do primeiro gole, pois engasguei com o que parecia antisséptico bucal tingido. Assumi novamente o papel de muda, não por que não conseguia entender a língua – simplesmente não entendia o comportamento do cara. Estava ao mesmo tempo fascinada e horrorizada conforme ele continuava a se inclinar sobre mim e a me beijar. O que posso dizer? Foi um daqueles momentos nos quais estava tão consciente do absurdo da situação que não me importei. (Seja aberta! Diga sim!)

Mas as coisas simplesmente começaram a ficar chatas.

– Você não quer ir para casa com um cara arrogante? – ele perguntou, sorrindo encostado no bar enquanto prendia o cabelo atrás da orelha. – Você não quer dizer para os seus amigos que transou com um parisiense gostoso?

Incapaz de dar uma resposta gentil ou inteligente, simplesmente sorri e balancei a cabeça. Ele mudou de tática:

– Ok, hora de tomar um trago!

– Tá, isso não vai rolar, Alec. – Finalmente minha noção estava voltando. A comédia tinha ido longe demais. – Vou terminar a noite por aqui.

– O quê? – Ele não acreditou. E eu fiquei incrédula por ele ter ficado incrédulo. – Vamos nessa. Só uma dose. O que você quer? Uísque? Tequila?

– Não, sério, estou indo embora.

– Não, espere. Venha comigo até a boate onde estão os meus amigos – ele disse, repentinamente interessado não em quem eu era, mas no que podia fazer por ele. Ele estava digitando furiosamente mensagens no seu celular. – Eles vão pegar no meu pé se eu estiver sozinho, mas se você for comigo, não. Então, venha comigo, é bem pertinho, e daí você pode ir para casa.

Era 1h15 de uma noite de quarta-feira. Eu teria aula de francês com a Josephine às 8h30 da manhã seguinte. Estava cansada.

– Hum, é um convite tentador. Mas mesmo assim, vou para casa. – Já me dirigia para a porta, apesar dos seus protestos. – Obrigada, por, hã... a gente se vê!

Ao chegar à porta, interrompi minha frase e comecei a correr pelas ruas de paralelepípedos sem olhar para trás. Quando cheguei em segurança na minha casa da árvore, percebi que o telefone estava tocando. Alec queria vir. Sem acreditar – na audácia dele e por que não conseguia descobrir como desligar meu celular (o francês não era meu único desafio; eu tinha um iPhone em Nova York e não conseguia me dar bem com o BlackBerry que o escritório de Paris dera para mim) –, desliguei sem nenhuma pretensão de *politesse*, tirei a bateria do telefone, e me enfiei na cama.

Na manhã seguinte, eu tinha 12 chamadas não atendidas. E quando desci da minha Vélib na frente da Ladurée, pronta para a minha aula de francês, o telefone tocou de novo. Era o varapau sueco, óbvio, ainda querendo saber se ele podia vir para a minha casa.

Meu primeiro encontro em Paris: bola fora número um.

Cerca de um mês depois, conheci um francês – um francês são. Fui a um show do Pretenders, ansiosa para ver uma das minhas bandas favoritas de todos os tempos na minha cidade favorita. Havia ido a dois ótimos shows depois de chegar a Paris, os dois em lugares muito intimistas: se fosse em Nova York os ingressos teriam esgotado em um minuto. Meu carma musical era bom e estava cheia de expectativas para aquela noite. Fazia um tempo excepcionalmente úmido, e gotas de suor escorriam pelas minhas costas antes mesmo de eu entrar no Élysée Montmartre, uma casa de shows de duzentos anos de idade que já havia recebido de David Bowie a Robbie Williams. Os franceses são famosos por não investir em ar-condicionado mas achei que um lugar como esse, no qual 1.200 pessoas podiam ficar espremidas seria diferente. Não era; ia ser uma noite quente. Enfiando-me entre a multidão, encontrei um espaço aberto e vi um cara bonitinho de camisa branca, jeans perfeitamente desbotados e cabelo grisalho bem cortado. Ele também estava sozinho.

Mais e mais pessoas começaram a encher o espaço entre nós, e o ar foi ficando cada vez mais abafado. Eu estava consciente de que ao meu lado havia um cara solteiro e atraente, bem como de que meu cabelo naturalmente encaracolado ficava mais armado a cada minuto. Chrissie Hynde e o resto da banda entraram no palco e começaram com "Break Up the Concrete". Eu precisava aproveitar a oportunidade antes de ficar com um capacete.

Conversar com estranhos nunca foi meu forte. Em

Nova York, AJ estava sempre por perto para facilitar as coisas e dar uma força, dizendo como eu era divertida ou que meu cabelo estava bonito naquela noite. Ela me encorajava a fazer contato visual, a não exigir demais de mim mesma e simplesmente curtir conhecer as pessoas, sem nenhuma expectativa sobre o resultado. Então fiquei pensando: "O que a AJ faria?" Estava invocando minha melhor amiga em Nova York e Chrissie reclamava no palco: "*Il fait chaud! Merde*!" Eu a aplaudi junto com o resto da multidão ruidosa por sua habilidade de dizer que estava um calor dos infernos ali como se fosse uma francesa invocada. Então entrei em ação.

– *Elle est la mieux* – gritei para o grisalho, informando-o que eu a achava a garota mais descolada.

– *Oui, oui* – ele sorriu de volta pra mim. Ok, então talvez ele também estivesse olhando para mim com o canto dos olhos. – *Oui...*

– *As-tu déjà vu*? – Meu francês era risível, mas eu não ia desistir agora que tinha feito contato com sucesso.

– *Oui, trois fois* – ele sorriu novamente para mim. Que sorriso. – *Toi*? – Compartilhamos a adoração pelo nosso ídolo mútuo o resto do show, quando não estávamos pulando com "Message of Love" e cantando "Brass in Pocket" a plenos pulmões. Enquanto éramos empurrados para fora daquele lugar suado, noventa minutos depois, ele perguntou se eu queria beber alguma coisa. Eu queria. Como queria!

Subimos a ladeira da rue des Abbesses, uma rua em Montmartre cheia de cafés clássicos - do tipo que Robert Doisneau teria fotografado - e fiquei com frio na barriga pela primeira vez desde que chegara a Paris. Sentamos, e o tempo voou enquanto conversávamos sobre música, viagens, a França e política. Ele falou mais que eu, mas estava orgulhosa de conseguir acompanhar, uns 40% do que ele dizia. Mas, perto do fim, ele deu uma de francês para cima de mim – falando super-rápido com *beaucoup* gestos para enfatizar suas opiniões. Foi então que comecei a cair na real, deparando de novo com o fato de que os franceses realmente gostam de ouvir suas próprias opiniões. Depois de fechar o café, trocamos números de telefones – e nomes, o que não tínhamos feitos até aquele momento. Frank. Que nome legal. Que noite legal.

Na noite seguinte, quando ele não me ligou, disse a mim mesma que poderia mandar uma mensagem para ele. *Pourquoi pas?* A AJ mandaria. Mas as coisas começaram à francesa. Fazer isso parecia americano demais. Então esperei. Por nada, como descobriria mais tarde. Josephine tinha certeza de que ele não me ligara porque era casado. Ela disse que ele provavelmente morava no *banlieue*, tinha uma filha e estava na cidade apenas para ver o show. Minha mestra estava tão confiante que tive de concordar. Bola fora número dois.

Enquanto isso, depois de passar a vida imaginando quem seria "o cara", AJ finalmente sabia. Minha amiga ia casar.

– Oi, Aim. Ligue quando puder – dizia sua mensagem. – Quero contar uma coisa. – Era uma mensagem curta e simples, mas eu sabia. Podia sentir a felicidade contida na voz dela. Desde que conhecera o Mitchell no mês anterior, eu sabia que ele era diferente dos outros babacas nova-iorquinos. Liguei para ela imediatamente.

– Então, me conte – eu a instiguei. – O que foi? – Senti vontade de dizer a ela que sabia exatamente o que ela ia me contar. Ela começou a rir do mesmo jeito que rira quando dublamos "Wild Boys" do Duran Duran em 1984. Ai, meu Deus, a coisa está séria. – Você está noiva, não é isso?

– Siiim!!! – ela disse emocionada. Durante os dez minutos seguintes, ela contou cada detalhe de sua noite no Meatpacking District, que começou com Mitchell comprando um vestido novo para ela na loja da Diane von Fustenburg, o que foi seguido por um adorável jantar no Bagatelle, uma caminhada ao luar no High Line, uma proposta de casamento feita de joelhos, uma suíte no novo Standard Hotel, champanhe...

Com o olhar perdido para fora da janela, fiquei olhando para a Sacré-Coeur por cima dos tetos de zinco, brilhante, enorme e branca, sobre Montmartre. Eu me senti estranhamente distante. Principalmente porque estava ouvindo a felicidade de AJ por meio de um miserável e pequeno BlackBerry, em um apartamento alugado, no meio de uma cidade estrangeira. "Como acabei aqui?" AJ e eu fomos grudadas por 25 anos. E agora, em um dos grandes momentos da sua vida, ela estava nos Estados Unidos e eu estava a seis mil quilômetros de distância da sua felicidade.

Mas também havia outra coisa. Por mais feliz que estivesse por ela, seu noivado tornou minha condição de solteira ainda mais evidente. Não fazia muito tempo que eu havia chegado a Paris, com os olhos arregalados e cheia de confiança de que era um "bom-partido". Colegas e amigos me diziam que minha condição de estrangeira era um bem valorizado em Paris. Que meu sotaque era "fofo" e ser estrangeira era exótico. Mas depois de passar meses com apenas dois encontros para validar a teoria, estava começando a me perguntar: será que eu ia ficar no zero a zero na cidade dos amantes? Não ia admitir para ninguém, mas tinha sonhado secretamente em conhecer um *chef* de confeitaria bonitinho e comer *tarte tatin* pelo resto da vida. Mas o mais perto que eu estava chegando do romance era um velho amputado em cima de uma cadeira de rodas que me disse que eu tinha *jolies jambes*. Posso ter pernas bonitas, mas elas não estão me levando a lugar nenhum. Das minhas cinco amigas do 2º grau, eu era a última a resistir – a única solteira.

Ficar noiva não estava exatamente no topo da minha lista de afazeres. Desde que me formara na faculdade, tinha deixado a carreira ditar minha vida. Com um agente em Nova York e investindo em uma carreira editorial, a perspectiva de um gordo adiantamento de direitos autorais me fez deixar São Francisco – e Max – e ir para Manhattan aos 29 anos, o auge da idade casadoira. E agora minha carreira na publicidade tinha me trazido para Paris, em uma idade em que os noticiários e minhas tias desbocadas estavam me dizendo que era melhor prestar atenção no meu relógio biológico. Eu certamente havia pensando em amor, casamento e bebês ao longo dos anos. Só que conseguir fazer uma matéria para a Elle sempre tinha sido mais importante que encontrar um cara.

Assim, até um ano atrás, minha condição de solteira não me incomodava nem um pouco. Isso havia se tornado parte integrante da minha personalidade e normalmente era uma fonte de orgulho. Eu protegia minha independência, curtia minha liberdade e tinha namorado o suficiente ao longo dos anos, então não me sentia uma encalhada desesperada.

Mas o casamento da AJ tinha disparado algo. Ela fora minha companheira fiel por duas décadas e meia, a distância e mesmo quando estávamos namorando. Agora, ela ia se comprometer com outra pessoa. Eu me senti mais sozinha do que nunca.

– Ah, *he-llo*!!! Ser solteira em Paris é como ter uma doença social – Michael exclamou, surpreso por ter que me explicar essa verdade evidente. – Quero dizer, se você não tem um relacionamento, melhor estar morto. – Ele fez uma pausa para observar um cara em uma cadeira de rodas manual fazendo manobras na calçada do lado de fora da janela do Gaya Rive Gauche, o caro restaurante de frutos do mar de Pierre Gagnaire. – Ou paraplégico.

Estávamos desfrutando de um dos nossos almoços regulares extravagantemente caros, e eu chorumingava, como vinha fazendo cada vez com maior frequência, sobre a minha falta de oportunidades de namoro. Pelo menos o restaurante estava se mostrando um sucesso, ao contrário de mim. Enquanto analisava o menu, comemos torradas servidas com manteiga e azeite – em Paris, é uma raridade conseguir uma das duas coisas, o que dirá as duas ao mesmo tempo. Também estávamos degustando um lindo *amuse-bouche* de salada de polvo, que pegávamos com palitinhos, e uma garrafa de Valflaunès Blanc gelado. E os pratos seguintes até o bolo de chocolate com pralinê servido com compota de ruibarbo e sorvete de caramelo salgado, estavam *fantastique*. Mas ainda assim, aquilo não tinha comparação com nosso almoço anterior no Grand Vefour.

A história do Grand Vefour, enfiado nos jardins do Palais-Royal, no *1º arrondissement*, data do reinado de Luis XV. É uma lenda. Napoleão cortejou Josephine ali. Victor Hugo, Alexandre Dumas e Colette jantaram. Ele tem três estrelas no guia *Michelin* e sua decoração é uma obra de arte do século XVIII, com bancos forrados de veludo vermelho, detalhes folheados a ouro, afrescos, toalhas branquinhas e vasos de prata cheios de flores. A experiência já é inesquecível mesmo antes de sentar para comer. Mas você come.

Michael e eu tínhamos reservas para as 13 h e eu fugi do trabalho discretamente. Quando cheguei ao restaurante, juntei-me ao meu amigo faminto na nossa mesa que tinha uma vista privilegiada de todos os espetáculos do salão: a elaborada decantação dos finos vinhos franceses, o serviço de pratos incrivelmente elaborados e a meticulosa coreografia dos garçons. Havia uma equipe de pelo menos oito garçons, de 18 a 80 anos, e cada um claramente tinha o seu papel (sim, o Le Grand Vefour só tem garçons homens e é evidente que eles têm orgulho de trabalhar ali a vida toda). Mais de uma vez, um dos senhores mais velhos, vestido em seu terno escuro, me pegou de olho na sobremesa de outra pessoa e brincou dizendo "Ainda não", fazendo-me rir.

Escolhemos o menu de três pratos a 125 euros – obviamente um esbanjamento, mas mesmo assim eu praticamente não pisquei os olhos, encantada com o ambiente opulento do restaurante. Mas o menu de preço fixo também era excelente, considerando que na verdade ele tinha quatro pratos, se contarmos o enorme prato de queijos ridiculamente deliciosos... ou seis pratos, se contarmos os dois *amuses-bouches* que abriam a refeição... ou oito pratos, com os dois acompanhamentos que foram servidos junto com as entradas... ou 14, com os pratos cortesia de *gelées*, caramelos, chocolates e *petit-fours* que vieram além da sobremesa. A refeição foi simplesmente uma loucura. Absolutamente luxuriante. Felicidade absoluta. Cada vez que um dos integrantes da equipe de garçons se aproximava da mesa para servir um novo prato, mais vinho ou simplesmente sorrir para nós e fazer com que nos sentíssemos parte da realeza – queria dar a eles mais dez euros como agradecimento. Foi uma das experiências gastronômicas mais ricas da minha vida.

Três horas e meia mais tarde, estava saciada de comida francesa e caminhando nas nuvens, apesar de sentir um pouco de culpa por ter ficado fora por tanto tempo. Quando estava chegando ao escritório, uma das minhas colegas, que tinha descido para fumar, perguntou com um olhar cúmplice "Foi um *baisenville* bom?" Um *baisenville*, ela havia me ensinado na semana anterior, é uma gíria que significa "transar na cidade". Em outras palavras, ela tinha percebido que eu estivera fora por muito tempo e naturalmente concluiu que eu tinha passado a tarde com meu amante francês imaginário. Como ainda estava me debatendo com as normas culturais, parecia que uma escapadinha no meio do dia era mais aceitável do que passar três horas almoçando. Então fiz minha melhor imitação de uma francesa fabulosa, dei um sorrisinho para ela e não disse uma palavra quando voltei para o escritório.

De volta ao Gaya Rive Gauche, Michael ainda estava me educando a respeito dos namoros em Paris.

- Você não percebeu que não há um equivalente a *Sex and the City* por aqui? Não é legal ser solteira! - Ele continuou - Você já percebeu que todo mundo faz parte de um casal? Felizes ou não? Fiéis ou não? Tem tudo a ver com as aparências. Os franceses são os maiores ajustados do mundo. Eles precisam de seus jantares de domingo com a família, alguém com quem tirar *les vacances*, com quem dividir a baguete. Casais, cara, casais! Deus me livre se você fizer um jantar com um número ímpar de convidados! - Ele não conseguia se conter. - Eles são como macacos - continuou, - não saem dos seus galhos a não ser que haja outro para onde pular. E como andam com seus amigos de infância para sempre, esse é o grupo de onde saem os possíveis pares. Não vão deixar você entrar na roda. As mulheres nunca deixariam, e os homens são muito medrosos. - Conforme ele seguia com o discurso, tudo fazia sentido.

Claro. Como não tinha percebido essas regras silenciosas antes? Tudo em Paris, desde as cadeiras uma ao lado da outra nos cafés às mesas de pingue-pongue nos parques, era organizado em pares. Lembro de ter chorado de humilhação no carnaval do Jardin des Tuileries - não porque estava sozinha no carnaval com 36 anos, mas porque o operador da roda gigante me fez esperar 15 minutos até que aparecesse outro passageiro sozinho. Não podia andar sozinha. Sozinha, sozinha.

Pensei na atenção devotada dos homens nas festas – até que suas namoradas entrassem na sala e os levassem embora pelo braço sem sequer dizer *bonsoir* para mim. E como minhas colegas se orgulhavam de ir para casa todas as noites para fazer o jantar para seus namorados ou maridos. Primeiro, achei que isso tinha um certo charme retrô. Ninguém nos Estados Unidos assumiria um papel tão tradicional. Mas agora percebia que estar em um relacionamento oferecia validação em Paris assim como uma carreira de sucesso em Nova York. Ser metade de um casal era o bilhete de entrada para a completa valorização pessoal.

– Até a diferença na língua deixa isso claro – Michael estava desabafando, nossa garrafa de vinho vazia, os pratos de sorvete de caramelo raspados há tempo. – Em inglês, "*single*" soa como se você estivesse pronto para festejar. Mas e "*celibataire*"? Parece que você vai entrar para um mosteiro.

Era verdade. Mais uma vez, Michael tinha razão e fui lembrada de que não estava encontrando meu espaço em Paris. Estava pronta para tirar uma soneca.

No meu curto tempo na Cidade Luz, havia pelo menos um homem do qual havia ficado muito íntima: Pierre Hermé.

Chamado de "Picasso da Confeitaria", "Rei da Confeitaria Moderna", "O Provocador da Confeitaria" e "O Mágico dos Sabores", ele é o astro do mundo da confeitaria francesa. Em um país que leva a sobremesa tão a sério quanto os americanos levam os relacionamentos hollywoodianos, ele era respeitado e admirado como o Paul Newman.

Na verdade, aos 14 anos, Gaston Lenôtre da famosa Lenôtre Pâtisserie pediu ao pai de Pierre se ele podia ser seu aprendiz. Então, mais ou menos com a mesma idade que comecei a decorar bolachas Oreo para minha incrível carreira na Dairy Queen, Pierre começou a sua no mundo da confeitaria francesa.

Depois de cinco anos na Lenôtre, aos gloriosos 19 anos, ele se tornou o *chef* principal. Se você já viu os bolos brancos ondulados ou as tortas de morango perfeitamente estruturadas desse marco parisiense, sabe como isso é impressionante. Depois, ele foi para a Fauchon, outra marca de prestígio no mundo da confeitaria francesa, onde ele chamou atenção com o seu Cereja no Bolo, uma criação em forma de torre com *dacquoise* de avelãs, *ganache* de chocolate ao leite, chantili de chocolate ao leite, raspas de chocolate ao leite, pedaços de *waffle* e uma cereja cristalizada vermelha e brilhante – ufa! inteira, com o cabo – por cima. Essa foi uma revelação importante por dois motivos: demonstrou sua habilidade como artista e em lidar com sabores inesperados.

Descobrir esse bolo é um ritual e, se há uma coisa que aprendi, é que os franceses gostam de seus rituais. Quanto mais dramático, melhor. Soltar o laço de seda que prende a caixa alta e triangular do bolo faz com que as laterais caiam, revelando a cereja brilhante e as seis marcas feitas com folha de ouro, que indicam onde fatiar seis porções perfeitas. Com esse bolo, Pierre comprovou sua grande criatividade, ainda que precisa e cuidadosa; um hedonista, mas um hedonista um pouco contido e com muita habilidade.

Assim como sua aparência, o sabor do Cereja no Bolo deixou os franceses embasbacados. Apesar de serem devotos do chocolate amargo, esse bolo é todo feito com chocolate ao leite. Pierre assumiu o risco de que sua crescente legião de fãs se apaixonasse pelo bolo e não achasse um sacrilégio dar as costas para o chocolate amargo. O mesmo aconteceu com sabores como lichia, rosas e caramelo salgado, que são comuns hoje em dia, mas eram desconhecidos quando Pierre os apresentou em *macarons* e bolos no começo de sua carreira. As pessoas começaram a prestar atenção nesse jovem *chef* de confeitaria e no que ele estava fazendo com sabores e texturas. E como suas criações eram tão deliciosas, elas começaram a querer mais.

Então Pierre Hermé abriu a loja da Ladurée na Champs Élysées – equiparando seu currículo ao de outros nomes importantes da confeitaria francesa – e finalmente viajou para o Japão para abrir a primeira loja que levava seu nome em 1998. Demorou três anos para que os parisienses ganhassem sua própria butique Pierre Hermé. Agora há meia dúzia de endereços em Paris, dois em Londres e sete no Japão, além de mais de dez livros e uma linha de chás, geleias e velas perfumadas. *Oh, Pierre...*

Enquanto todas as mulheres corriam para casa para preparar o jantar, eu namorava os lindos bolos de

Pierre Hermé, que pareciam ser a única coisa nessa cidade que vinha em tamanhos individuais. Eram uma mostra impressionante tanto de estilo como de conteúdo que me lembravam da decoração da Lady M em Nova York. Lá, a marca registrada da Lady M, o bolo Mille Crepes – vinte camadas aveludadas de crepe intercaladas com creme de baunilha e açúcar caramelizado – me seduzia todas as vezes. Mas em comparação, essa sedução era brincadeira de criança.

Primeiro, eu ficava animada para escapar do escritório e não perder a oportunidade de ver os meus amores antes de as portas da confeitaria fecharem à noite. Então, tenho que confessar, isso se tornou um problema. Não era só o fato de meus jeans da agnès b. terem ficado muito apertados; percebi que os bolos e os outros doces que eu devorava quase diariamente eram substitutos para o contato humano que eu na verdade desejava.

Sabia por experiência própria que, mesmo à noite, tinha de esperar na fila diante da impecável loja de Pierre Hermé na rue Bonaparte, seu endereço original. De fato, havia uma longa fila na calçada, e espiei o céu suspeitando que ia chover enquanto me juntava à fila. Em intervalos de minutos, as portas automáticas se abriam e alguém saía. Eu ficava um passo mais perto das fileiras de bolos imaculados, decorados com frutas frescas, grãos de café e raspas de chocolate amargo que esperavam lá dentro – um passo mais perto do paraíso dos bolos.

Cheguei perto da entrada e inspirei profundamente. O aroma rico e intenso de chocolate me envolveu e confortou. Mas a sensação de paz teve vida curta. "Meu Deus", pensei, analisando a incrível oferta de bolos diante de mim, "eu preciso dar um jeito de decidir o que vou pedir." Analisei minhas opções: o Saint-Honoré Ispahan, que parecia um templo indiano elaborado, com os sabores que haviam feito meus joelhos tremerem: *macaron* de rosas, chantili de rosas, geleia de lichia e uma framboesa fresca por cima. Ou talvez a Tarte Mogador, uma combinação condimentada e leve de massa folhada, chocolate ao leite e *ganache* de maracujá, abacaxi concentrado e biscoito de chocolate sem farinha. Dezenas de opções – e, por enquanto, dezenas de francesas incrivelmente magras e turistas japoneses lambendo os beiços atrás de mim. Minhas palmas começaram a suar com a pressão. O elegante homem no outro lado do balcão olhou diretamente para mim.

– *Mademoiselle?*

Fiquei feliz por ser tratada como uma garota e não como uma "madame" como já estava acostumada, e meus nervos se acalmaram. Olhei para as fileiras de bolos resplandecentes abaixo e tudo ficou claro como o dia.

– *Le Plenitude Individuel, s'il vous plaît.*

Pierre lançou sua linha Plenitude em 2003. "É chocolate com caramelo, ou caramelo com chocolate?" ele brinca, destacando a contrastante e equilibrada dupla chocolate-caramelo que usa nessa linha de *macarons* e bolos. Chocolate amargo e caramelo salgado são sabores que conheço intimamente. Eles nunca me deixam na mão.

Paguei o valor vultoso e levei meu bolinho de forma arredondada recheado com musse de chocolate, caramelo e flor de sal para a praça des Missions Étrangères, uma caminhada de dez minutos em direção ao pomposo bairro da rue du Bac. É um dos poucos parques que manteve sua beleza tranquila em lugar ser tomado pelos parquinhos de plástico e *enfants* gritando. O lugar perfeito para sentar em um banco sossegado com o meu tesouro.

Relutava em desmontar os muitos quadrados perfeitos de chocolate – todos escuros e lustrosos com a exceção de uma placa de chocolate branco – que adornavam o *fondant* de chocolate. Observando-o, descobri outra razão pela qual eu amava Pierre Hermé. Não era só porque ele fazia os bolos mais bonitos de Paris ou porque criava as combinações de sabores mais alucinantes. Ele também me atraía inconscientemente por fazer as coisas de maneira um pouco diferente. Não era um homem de se apegar às tradições e trilhava seu próprio caminho. Do meu jeito, mas em menores proporções, eu estava fazendo o mesmo. Ainda que a vida em Paris pudesse parecer muito paradisíaca, eu assumira um risco ao me mudar para a cidade aos 36 anos. Apaixonar-me por Paris tinha sido fácil. Viver ali estava se tornando cada vez mais difícil.

Disse a mim mesma que ia me conter e não comer o bolo inteiro. Mas eis que estava encarando o último pedaço. "Ah", pensei, "pelo menos era um bolo de tamanho individual."

Estava apavorada com a ideia de que meu terceiro encontro em Paris fosse outro show de horrores; bola fora número três e eu abandonaria o jogo definitivamente. Apenas duas coisas me deram motivos para ter esperanças no sentido contrário. A primeira era que minha amiga Melissa estava armando o encontro. E a segunda era que o encontro era com um americano. Pelo menos haveria um pouco de conforto e familiaridade.

Na verdade, o encontro foi muito bem. Acabou com uma sessão pesada de amassos (dez vezes melhores que do varapau sueco, o que não quer dizer muita coisa, mas...) e a troca de número de telefones (e diferente do grisalho, colocados em uso naquela noite com uma enxurrada de mensagens). Ele até levou a um segundo encontro, no qual um bolo de chocolate *pralinê* feito em casa teve o papel principal. Talvez ele não fosse o *chef* que fazia *tarte tatin*. Ele definitivamente não era o Pierre Hermé. Mas pelo menos tinha sido uma bola dentro. Eu ainda tinha esperanças.

Mais pontos de doces no mapa

C'est vrai. Pierre Hermé é um astro. Um deus. Todo viciado em doces deveria se ajoelhar no seu altar. Mas isso não quer dizer que não exista um milhão de outras boas confeitarias em Paris. Se você está atrás de bolos fabulosos, prepare para se tornar um leche-vitrine (lambedor de vitrines) em qualquer um desses lugares: La Pâtisserie des Rêves (7º e 16º arrondissements), Gérard Mulot (3º e 6º), Stohrer (2º) e Hugo et Victor (7º e 1º).

Os bolos em Nova York tendem a ser mais "fofos" do que lindos de morrer. Mas não tem problema: os bolos fofos ainda têm um sabor delicioso nas mãos dos padeiros certos. Confira na Amy's Bread (em Hell's Kitchen, Chelsea Market e West Village), Baked (Red Hook, Brooklyn) e Black Hound Backery (East Village).

Capítulo 8

É DIFÍCIL ENCONTRAR UM BOM COOKIE COM GOTAS DE CHOCOLATE

Se abril é o mês mais cruel, então T. S. Elliot não conheceu Paris em novembro. Além dos encontros ruins, do ambiente de trabalho enganador e das minhas tentativas atrapalhadas, mas sinceras, de me tornar uma parisiense perfeita, no final do ano tudo o que eu queria era me enfiar em uma caixa de correio internacional e ir para Nova York.

Àquela altura, tinha descoberto, era lá onde deveria estar. Ainda tinha dificuldades com a língua e não conseguia desvendar o protocolo social. Nunca sabia se devia continuar a *vouvoyer* as pessoas ou se podia passar a *tutoyer*, o que era mais íntimo. Ficava confusa com os beijos dados no ar na hora de cumprimentar alguém: eu deveria fazer o som dos beijos ou só encostar as bochechas? E toda vez que encontrava alguém local e pensávamos em fazer algo juntos, não acontecia nada. Todo mundo me disse que era difícil se infiltrar entre os franceses. Mas é diferente falar sobre isso como um conceito e realmente experimentar a fria postura *sangfroid* deles todos os dias.

Tudo nessa cidade estrangeira tinha uma camada a mais de dificuldade. Não importa qual fosse a tarefa, ela exigia uma flexibilidade extraordinária e poços infinitos de paciência. Quando perguntei sobre o estado dos cartões de visita da agência que tinha pedido meses atrás, por exemplo, o administrador do escritório me disse, "Semana que vem". Por oito semanas seguidas. O forno micro-ondas da minha casa na árvore começou a emitir um som metálico assustador que tornou impossível usá-lo e, em vez de trocá-lo *tout de suite*, meu alegre locador me disse para "me divertir" comprando meu primeiro eletrodoméstico na França. Embora o cheque que eu depositara na minha conta francesa tivesse saído da minha conta americana três semanas antes, o dinheiro não aparecia e meu banco não respondia aos e-mails e telefonemas, fazendo com que eu precisasse contar o dinheiro do almoço e espumasse de ódio. E estava pirando um pouco desde que minha médica havia deixado uma mensagem de voz pedindo que eu fosse até lá para falar sobre alguns exames que fizera duas semanas atrás. Quando liguei de volta, no entanto, ela tinha saído de férias por duas semanas. Enquanto esperava que os resultados não fossem nada demais, minha atenção se virou para Milo, que tinha começado arrancar tufos de pelo das ancas, exigindo um novo vocabulário veterinário do qual eu não queria nem saber.

De repente compreendi como era ser deficiente, pois tinha me tornado muda. As coisas mais simples me deixavam um caco. Estava atrapalhada e sem palavras, intimidada e frustrada. Como ficava muito tempo sozinha (sem contar o Milo e seus novos pedaços sem pelo), esses pensamentos sombrios e inseguranças dançavam pela minha cabeça, deixando-me com tempo demais para dissecar os franceses e suas maluquices. Então comecei a imaginar se o problema era eu. Comecei a me perguntar, "Estou maluca?!" e quando percebi que estava falando comigo mesma pensei que na verdade, *oui*, talvez eu estivesse! A louca do gato. Meu maior medo, finalmente se concretizava na cidade mais espetacular da Terra.

Era demais. Fiquei tão acabada e derrotada pela minha falta de aptidão que comecei a adiar cada pequena ação. A saída mais estúpida, como comprar xampu no supermercado, era como um quebra-cabeça, e era preciso muita coragem e concentração para fazer uma reserva por telefone. Tudo exigia um esforço hercúleo. Como resultado, não fazia nada. Havia contas a pagar, compromissos a agendar e uma avalanche de e-mails para responder. E ainda havia coisas como, sabe, tentar descobrir para quem ligar no escritório da Vélib para saber do que se tratava um desconto misterioso de 57 euros no meu cartão de crédito. Mas simplesmente não me importava. Não havia tempo. Isso exigia muita energia. Havia episódios de *Mad Men* para baixar no computador e *mendiants* – pequenos discos de chocolate decorados com nozes e frutas secas – do Jean-Paul Hévin para serem devorados. Sabia que esse comportamento derrotista só estava me fazendo mal, mas depois daqueles meses lutando para me adaptar e sendo tachada de estrangeira, também estava cansada de parecer esperta. Graças a Deus eu finalmente tinha alguns amigos com quem contar.

– Então, está indo muito bem, hein? – estava falando com Jo sobre seu romance recente, mas também poderia ser a Melissa, pois havia tido exatamente a mesma conversa com ela no dia anterior. Como foi acontecer de minhas duas amigas solteiras em Paris, minhas únicas amigas em Paris, terem começado a namorar franceses recentemente? E os dois relacionamentos, no verdadeiro estilo gaulês, já tinham se tornado sérios. Não existem namoros casuais na França: ou vocês estão juntos ou não estão. – Você está mesmo a fim dele? – perguntei com um sorriso, tentando disfarçar minha ansiedade.

Como australiana, Jo prezava a ideia de ovos mexidos e café forte tanto quanto eu, então éramos companheiras oficiais de *brunch*. E para nossa sorte, os parisienses estavam tendo um caso de amor intenso com *le brunch*. Mas apesar de muitos cafés ainda oferecerem menus com preços fixos, caros, cheios de *viennoiserie*, *tartines*, ovos, bacon, salada de frutas, salada verde, café e suco, em porções que incentivavam os locais a dar demonstrações chocantes e fora do comum de gulodice, Jo e eu ainda buscávamos os lugares mais modestos onde pudéssemos comer pratos americanos à la carte. Granola com iogurte grego e panquecas fofinhas de mirtilo eram triunfos recentes. Naquele dia havíamos descoberto o Eggs & Co., um pequeno restaurante de dois andares com chão sinuoso e teto baixo, em uma das ruazinhas escondidas de Saint-Germain que oferecia sempre pratos à base de ovos. Jo pediu *un cocotte*, um pequeno prato com ovos assados, com *ratatouille*. E meus ovos mexidos com salmão defumado estavam a caminho. Eu não sabia por que chamávamos salmão defumado de "lox" em Nova York, ou qual era a diferença, ou por que nunca tinha comido isso antes. Mas salmão defumado havia se tornado uma das minhas coisas favoritas em Paris.

– Sabe, está indo surpreendentemente bem – disse Jo com as bochechas coradas. – Quer dizer, nunca imaginei que isso ia acontecer. E é tão fácil. Esse é o primeiro cara com quem sinto que posso ser eu mesma. E ele está tão a fim de mim! – Então ela riu, surpresa com sua própria declaração. Modesta, ela rapidamente acrescentou – Bom, você sabe o que quero dizer... ele parece estar tão a fim de mim.

– Claro que ele está! Realmente parece que está. Quer dizer, vocês passam tanto tempo juntos. A química é boa, vocês se divertem, conseguem se comunicar apesar da barreira da língua e da cultura... bem, isso não é pouca coisa! – Nunca fui do tipo de ficar com inveja dos relacionamentos das minhas amigas e queria que Jo entendesse que estava feliz por ela. Nas últimas semanas, eu já tinha passado pelos estágios iniciais de dificuldade e nervosismo do relacionamento junto com ela: ficamos pensando se ele ia ligar depois que se conheceram, discutimos o protocolo de dividir a conta em Paris e imaginamos como seria o sexo com um francês. Eu a apoiara totalmente. Mas talvez eu também estivesse um pouco entusiasmada demais para disfarçar minha própria vulnerabilidade.

Droga, quem eu estava querendo enganar? Por dentro, estava irritada. Fala sério! Finalmente tinha feito duas boas amigas em Paris – meninas descoladas e solteiras – e as duas tinham justo que conhecer homens na mesma semana. Agora as duas estavam apaixonadas e presas em relacionamentos que ocupavam seu tempo. E apesar de eu adorar comer ovos com Jo, era impossível não lamentar o fato de que, com ela namorando, não podíamos mais sair para paquerar pelos bares.

Era mais um lembrete de que deveria conseguir um homem para mim. Mesmo meu americano com uma queda por fazer bolos tinha ido pelo ralo depois que ele ficou ao mesmo tempo muito agarrado e muito chato, falando dos males da publicidade mesmo sabendo que aquele era o meu trabalho. Era mais moralismo e sermões do que eu podia aguentar, então terminei.

Como passava muito tempo sozinha, me tornei especialista em atividades solo. Ficava finais de semana inteiros sozinha, indo de Vélib até as confeitarias, passeando pelos mercados de rua e fazendo caminhadas de manhã à beira do Sena, especialmente aos domingos, quando a rua principal ficava fechada para os carros. Também fiz algumas aulas de culinária e aprendi a fazer *sole meunière* e sardinhas à provençal, *crème brulée* de lavanda e *clafoutis* de ameixa, sopa de aipo-rábano e *napoleons* de legumes. Era tudo agradável e delicioso. Mas o que eu realmente precisava era sair para a balada.

– Então, o que vocês vão fazer mais tarde? – perguntei depois que dissecamos seu relacionamento e nossos pratos haviam sido retirados. – Você quer ir ao Chez Jeanette tomar alguma coisa? – Achava que esse novo bar descolado que descobri na sórdida rue du Faubourg-Saint-Denis poderia atraí-la.

-- Ahhh.... – Jo respondeu um pouco sem jeito. – Na verdade, vou conhecer os pais do Cedric hoje à noite. Vamos preparar o jantar. – Enquanto a enchia de perguntas sobre essa nova e importante fase - conhecer o pai e a mãe depois de algumas semanas de namoro, nooossa! – repassava mentalmente minhas alternativas. Michael tinha viajado para alguma capital exótica do Leste Europeu conhecida pelas mulheres bonitas. Melissa estava com seu novo carinha. De novo. E, apesar de conhecer algumas outras pessoas agora, não conseguia me imaginar mandando uma mensagem com um convite para uma noitada. Então, de maneira masoquista, comecei a repassar minha agenda de Nova York, imaginando o que meus amigos fariam às 8 h de um sábado à noite. AJ e Mitchell estariam aconchegados em um jantar romântico, planejando o resto de suas vidas juntos. Jonathan provavelmente estaria paquerando algum carinha em um bar gay. E aposto que Mary, Melanie, Krista e Carrie estariam se embonecando todas para ir ao lugar mais badalado do momento. Ah, de repente queria que fosse setembro de novo, quando estava nos Estados Unidos. Gastei tanto tempo pirando sobre Paris enquanto estava em Nova York. Não parei para apreciar as comodidades e a camaradagem ao meu redor – como as coisas eram naturais e fáceis.

Mas aquilo tinha sido em setembro, e agora estava em Paris. A cidade do romance. A cidade dos meus sonhos. E de repente, uma cidade sem solteiros. Quase convenci Jo a dar um chapéu nos pais do namorado e divertir-se *avec moi*. Mas sabia que não era justo. Ela estava nesse adorável estado de paixão em que tudo é novo e possível. Ela merecia aproveitar. "Encare, Aim", disse para mim mesma, "vai ser como qualquer outro sábado à noite, só você e Milo." Em voz alta, tentei parecer um pouco menos patética e muito mais gentil.

– Que ótimo, Jo. Estou tão feliz por você.

Quando cheguei a Paris pela primeira vez, tinha certeza de que estava vivendo uma história de conto de fadas na qual as fadas-madrinhas se materializavam a partir de bolhas para realizar meus sonhos. E com toda essa moda luxuosa, escritórios chiques na Champs Élysées e uma casa na árvore adorável no meio da cidade mais deliciosa do mundo, por que eu não acreditaria que havia um pouco de magia envolvida nisso tudo? Tudo o que faltava era o meu príncipe da *tarte tatin*!

Depois do deslumbramento inicial que senti ao visitar a loja conceito da Louis Vuitton – quando, alisando os vestidos de seda e os sapatos de salto alto, perguntava-me por que eu era a sortuda escolhida para viver esse sonho –, ainda me questionava o motivo de eu estar ali, mas em lugar dos olhos brilhando de animação, como se eu fosse a garota mais sortuda do mundo, agora a pergunta era desesperada, querendo saber que droga era essa. Pensei que as coisas ficariam mais fáceis com o passar do tempo. Mas elas só ficavam mais difíceis. Nunca tinha me sentido tão sozinha, nem mesmo depois do divórcio dos meus pais ou de terminar com o Max.

Em Nova York, com a agenda social lotada, sabia muito bem quem eu era. Agora, sozinha em Paris havia meses, eu estava cada vez mais atormentada pela minha idade e pela minha condição de solteira. Para onde quer que olhasse, via namorados abraçados, arrulhando e se beijando descaradamente. Eu ouvia um refrão insultante, ecoando cada vez mais alto na minha cabeça: *Et moi? Et moi?* Comecei a acordar no meio da noite, questionando minhas decisões: por que havia deixado Max em São Francisco, anos atrás? Por que nunca tinha dado uma chance de verdade ao Eric? Agora pensava – talvez um pouco tarde demais – nas consequências. Por que eu não tinha um namorado? Não podia evitar os pensamentos negativos. Desnorteados. Que diabos eu estava fazendo? O que queria? O que estava procurando? Se meu sonho era morar na Cidade Luz e do chocolate amargo, por que tinha começado a passar mais tempo fantasiando sobre Nova York?

Depois do *brunch* com Jo, parei no Eric Kayser na rue de Montorgueil para comprar *cookies* com gotas de chocolate. Se ia me distrair com *Mad Men* e Milo naquela noite, concluí, pelo menos também teria um doce para comer enquanto assistia à TV. Era um comportamento autodestrutivo que ia direto para o meu traseiro, mas não me importava. Precisava daquilo.

Os *cookies* com gotas de chocolate sempre tiveram um lugar especial no meu coração. Mas qual verdadeiro americano não tem uma quedinha especial por esses biscoitos clássicos que resultaram de um acidente? Um acidente! Imagine se Ruth Wakefield, dona do Toll House Inn em Whitman, Massachusetts, por volta de 1930, não tivesse colocado pedaços de uma barra de chocolate dentro da batedeira industrial, como diz a lenda? Outra pessoa acabaria tendo a brilhante ideia de colocar pedaços de chocolate para deixar a massa mais cremosa? Ou as gotas de chocolate nunca existiriam? Tenho um arrepio só de pensar que não.

(É interessante notar que, supostamente, a *tarte tatin*, que é quase tão icônica para os franceses quanto os *cookies* com gotas de chocolate para os americanos, também é o resultado de um feliz engano. Caroline e Stéphanie Tatin eram duas irmãs, donas de um hotel. Depois de se esquecer de forrar a assadeira com massa, Stephanie tentou salvar a sobremesa colocando uma folha de massa sobre o recheio de maçã caramelizado. Então, depois de assada no forno a sobremesa foi invertida e *voilà*, a adorável e incrível *tarte tatin* "de cabeça para baixo" foi apresentada ao mundo. Mas essa é outra história...)

Quando era criança, *cookies* de chocolate feitos do zero eram uma guloseima rara. Nossa casa vivia à base de misturas prontas para bolos. Quer dizer, quem tinha uma coisa tão exótica quanto essência de baunilha na despensa??? Biscoitos feitos em casa eram um luxo.

Quando morava em São Francisco por volta dos 20 anos, decidi que merecia cuidar melhor de mim. Criei o hábito de alugar dois filmes todas as quintas à noite e assar duas fornadas de massa pronta para *cookies* com gotas de chocolate. Naquela época, já estava acostumada a ter essência de baunilha à mão, mas eu também era mais preguiçosa e tinha a tendência de gostar só da parte boa. Os filmes eram o jantar, os *cookies*, a sobremesa, e minha adoração e devoção pelos *cookies* com gotas de chocolate – assim como por Martin Scorcese e Luc Besson – se aprofundavam a cada semana.

Quando me mudei para Nova York em 2001, tinha deixado esses biscoitos para trás e praticamente os ignorava. Sabia que havia muitos segredos envolvidos na produção do cookie com gotas de chocolate perfeito. Não se tratava apenas de uma tigela com farinha, açúcar, ovos e gotas de chocolate que, quando assados de oito a dez minutos a 180ºC, criavam o lanchinho da tarde (ou da quinta-feira à noite). Havia técnica, desenvolvida depois de muitas experiências. Deixar a massa descansar na geladeira por 12 a 36 horas, por exemplo, faz com que os ingredientes individuais se incorporem, resultando em uma consistência melhor para assar – uma tática de hidratação utilizada por quase todo bom padeiro. O tamanho das colheradas de massa crua que vão ao forno também é importante, pois determina a proporção de texturas crocante, pegajosa e quase líquida que encontramos ao mordiscar a beirada firme do biscoito até o centro melado e massudo. Paixão, imaginação, qualidades – tudo isso é igualmente importante quando misturado de maneira cuidadosa com os outros ingredientes.

Apesar de não haver uma guerra de *cookies* em Nova York semelhante ao que ocorreu com os *cupcakes*, existem várias teorias sobre o *cookie* com gotas de chocolate perfeito. Ele deve ser macio ou crocante? Gordo ou achatado? Grande ou pequeno? Tradicional ou experimental? Gostos e opiniões diferentes deram início a um saudável debate – e a uma desculpa deliciosa para continuar a experimentar todos os tipos. E descobri que, como qualquer outra coisa em Nova York, as opções ficam cada vez maiores, mais gordas e mais ultrajantes.

Minhas aventuras para explorar as gotas de chocolate em Nova York começaram na City Bakery, que foi inaugurada em 1990 por Maury Rubin, como um lugar modesto que vendia comida salgada em uma mesa de quase 2 metros de comprimento e doces em outra mesa do mesmo tamanho. Depois de dez anos, Maury não tinha apenas sido lançado para o sucesso e se mudado para um espaço amplo de dois andares no estilo de uma cafeteria, no Flatiron District, mas a City Bakery havia se tornado uma instituição na cidade. Maury, que havia se formado padeiro em

Paris, a princípio focou em tortas, *viennoiserie* e outras especialidades francesas. Mas logo sua sensibilidade americana ganhou força. Ele introduziu *cookies* ao menu da City Bakery – adoráveis, crocantes, cremosos, macios e açucarados, com gotas de chocolate. Suas belezas do tamanho de um pires tinham todas as qualidades: bordas crocantes, centros que derretiam na boca e uma textura amanteigada e arenosa que era equilibrada com pedaços gigantes de chocolate amargo. Tinham apenas um toque de sabor de caramelo. Eles realmente eram *cookies* grandiosos.

Naturalmente, apaixonei-me pelos *cookies* da City Bakery. Mas Julie, que morava no Upper West Side, apresentou-me ao Levain, um buraquinho subterrâneo, e minha lealdade repentinamente se dividiu. Essa pequena e sublime padaria era o resultado do trabalho de duas mulheres ambiciosas que estavam famintas por um grande desafio – e *cookies* maiores ainda. Pam Weekes e Connie McDonald haviam treinado para o triatlo Ironman de 1994. Como consequência de seu rigoroso treinamento que incluía natação, bicicleta e corrida, as duas amigas estavam constantemente famintas e os *cookies* de tamanho normal não eram satisfatórios. Então elas assavam suas próprias fornadas. E, depois de completar o triatlo com sucesso, abriram a Levain em 1995.

Quando Julie me levou lá pela primeira vez, sugeriu que dividíssemos um *cookie*. Fala sério? Dividir um *cookie*? O que ela achava que eu era? Uma garota desamparada preocupada com o peso e que se intimidava com manteiga batida e açúcar? Mas quando vi os biscoitos de 180 gramas sendo tirados do forno e esfriando em grades atrás do pequeno balcão da padaria, entendi. Se a City

Bakery tinha *cookies* grandiosos, aqueles eram criados à base de esteroides.

Concordei em dividir com a Julie, mas só se dividíssemos dois *cookies*. Ela pode ter o corpo de uma bailarina, mas eu tenho a mente mais lógica. Disse a ela para me surpreender com seus dois sabores favoritos enquanto eu ia para fora para pegar o único banco da padaria que, por sorte, estava sendo abandonado por um pai vestido com calças cáqui e sua filha lambuzada de chocolate. Fiquei tentando imaginar quais sabores Julie escolheria: gotas de chocolate com nozes torradas, delicioso chocolate amargo com gotas de chocolate, aveia integral com passas, ou chocolate amargo com gotas de creme de amendoim. Um instante depois, Julie saiu da loja com um saquinho de papel pardo pequeno e pesado. Espiei lá dentro e a revelação não podia ter me deixado mais feliz: um *cookie* com gotas de chocolate e nozes e outro de chocolate com gotas de chocolate.

– Muito bem, *mon amie* – comentei, salivando.

Deixei por sua conta. Julie pegou o de chocolate e nozes, fazendo o que se deve fazer com um prato de queijos: começar com os mais suaves e seguir caminho até os sabores mais fortes. Ela partiu em dois o pedaço de paraíso cheio de chocolate, assado até um pouco antes do ponto, e me deu metade. "Um, dois, três!" Ela comandou. Demos mordidas simultâneas e sorrisos enormes e satisfeitos. Pedaços de chocolate meio-amargo cobriram nossos dentes. Nossos olhos viraram para trás, nossos pés batiam tontos sobre a calçada.

– Incrível – foi tudo o que consegui dizer, e Julie, com os olhos fechados, nem respondeu.

E então aconteceu de novo. Perfeitamente feliz por

ter a City Bakery e a Levain disputando para oferecer o melhor *cookie* com gotas de chocolate da cidade, caí numa emboscada no meu próprio quintal em 2008. David Chang, que se tornou o queridinho do mundo gastronômico de Nova York graças aos seus restaurantes de macarrão e *ssäm*[3] chamados Momofuku no East Village, abriu a terceira filial, a Momofuku Milk Bar, na esquina da minha casa. Enquanto o resto da cidade clamava pelas tigelas de lámen e pratos de lombo de porco, sua *chef* de confeitaria, Christina Tosi, preparava a *"crack pie"*, um mistura insana e ridiculamente viciante, feita basicamente com açúcar refinado, mascavo e cristal, creme de leite fresco, gemas e muita manteiga, tudo assado sobre uma base de *cookies* de aveia. As pessoas estavam ficando loucas por ela e era hora de eu dar uma chance para a *crack pie*. E, assim que entrei na padaria decorada em estilo industrial, soube que ela não deixaria nada a dever aos *cookies*.

Mirtilos e chantilly. Chocolate duplo. Creme de amendoim. Milho. (Sim, um *cookie* de milho, e era delicioso). Tinha um *cookie* gigante cheio de pedaços de *pretzels*, *chips*, pó de café, *butterscotsch*, aveia e gotas de chocolate. Mas o mais chocante era o de flocos de milho com chocolate e *marshmallow*. Era pegajoso, massudo e crocante ao mesmo tempo, doce e achocolatado, e tinha a sempre importante parte de baixo emoldurada por caramelo. Adoro flocos de arroz no meu chocolate, mas quem pensaria em flocos de milho no *cookie* também poderiam causar tal êxtase?

Era óbvio. Nova York oferecia todo o tipo concebível de *cookie* com gotas de chocolate, do delicioso ao ridí-

---

[3] Prato típico coreano no qual folhas de verduras são usadas para embrulhar pedaços de carne, normalmente de porco, temperada com ssamjang (molho apimentado) e outros condimentos.

culo. Mas tive dificuldade em encontrar um concorrente à altura em Paris. Até descobrir Eric Kayser.

A história de Eric Kayser é um conto típico de padeiros franceses. Filho, neto, bisneto e tataraneto de padeiros alsacianos, aos 4 anos ele já sabia que também queria passar a vida misturando massas e operando fornos. Quando tinha idade suficiente, começou um estágio com alguns dos melhores padeiros do país, e então foi dar aulas na melhor escola da França, l'Institut National de la Boulangerie Pâtisserie (INBP). Depois de ajudar alguns padeiros a abrir seu próprio negócio, finalmente era hora de abrir sua loja. Em 1996, Eric Kayser debutou na rue Monge no *5º arrondissement*.

Kayser sempre foi, acima de tudo, um padeiro que usa farinhas cuidadosamente selecionadas – integral, de trigo sarraceno, centeio e linhaça – e leveduras naturais que dão aos seus pães, em todas as suas infinitas variedades, miolo tenro, crosta dourada e crocante e sabores deliciosos e complexos. Mas, como mamãe, Bob e eu descobríramos meses atrás (e eu confirmei em muitas outras visitas à sua padaria na rue Montorgueil), seus *douceurs* também são deliciosos.

Assim como todos os grandes padeiros que fazem *cookies* com gotas de chocolate em Nova York tinham realizado experiências para chegar ao seu preparado perfeito, Kayser e sua equipe investiram anos para aprimorar o seu. Ele viajou para os Estados Unidos, procurou receitas de que gostava e as adaptou ao gosto francês. A farinha na França não é tão forte quanto nos Estados Unidos, por exemplo, então fez alterações. Eles também variaram o tempo que a massa devia ficar na geladeira, preocuparam-se com a temperatura do forno, experimentaram e erraram com o tempo de forno, e brincaram com o tamanho do *cookie*.

– Nos Estados Unidos, eles fazem *cookies* grandes – enfatizou, como se eu não estivesse intimamente familiarizada com os doces que cobriam a palma da mão e com os quais eu podia exercitar os bíceps para levá-los à boca, mordida após mordida. – E às vezes não assam o tempo suficiente. – O que é verdade. Mas se algumas pessoas gostam deles crocantes, prefiro os meus do jeito que são feitos no Levain: pesados e com gosto de massa, e quase crus no meio.

Essa é a coisa maravilhosa a respeito dos *cookies* com gotas de chocolate: as possibilidades são infinitas. E depois de anos de bruxaria na cozinha, Eric Kayser também tinha um vencedor para o exigente paladar francês: *le cookie au chocolat*, feito com chocolate Valrhona e nozes-pecãs tostadas.

Agora observava a mulher colocar meu *cookie au chocolat* sobre uma folha fina de papel, dobrá-la e então torcer e fechar os cantos girando as mãos em um movimento circular. Por um momento, fiquei feliz por aquele adorável costume francês – quase tanto como por saber que em breve teria um *cookie* americano nas mãos.

Coloquei o embrulho cuidadosamente na bolsa e saí para as estreitas ruas de pedestres, sendo que os mercados e os cafés da rue Montorgueil estavam especialmente animados agora, que já era final da tarde de sábado. Aquele pequeno ataque de saudades na barriga que costumava sentir nos primeiros dias quando via tal animação apareceu de novo, lembrando-me de que estava a quilômetros de casa.

Depois de escalar seis lances de escadas até minha casa na árvore parisiense e dizer oi para o Milo, fiquei de pé junto a uma das janelas em forma de arco, olhando para fora, pensando no que fazer. Costumava adorar não ter planos para a noite de sábado. Parecia-me um luxo dar as costas para vida noturna maluca de Nova York para passar um tempo sozinha com a Netflix e o sofá. Agora parecia triste.

Do outro lado da rua, uma mulher de avental estava ocupada na cozinha. Da sua janela aberta, podia ouvir o som da água correndo, das portas dos armários sendo fechadas, e das tigelas e panelas batendo no balcão – sons de uma casa feliz. Lá em cima, o céu estava cinza. No horizonte, os tetos de zinco eram cinza. Por todos os lados, as fachadas de pedra eram cinza. Ultimamente, repetia muito para mim mesma que esses tons de cinza parisiense não eram deprimentes. Mas não estava convencida. Estava deprimida.

"Nada como o momento presente", repeti para mim mesma, procurando o *cookie* dentro da bolsa, apesar de que ele deveria ser comido mais tarde.

Abri o papel, expus minha guloseima e dei uma mordida maior que o necessário. Os sabores estranhos, porém familiares, encheram a minha boca. Achei curioso que o *cookie* de Eric Kayser parecia ser crocante, mas na verdade era macio e borrachudo. Os pedaços retangulares e gigantes de chocolate que surgiam na superfície tinham antecipado uma experiência extremamente rica, mas ela havia sido monótona. Aquilo não se parecia com nenhum dos *cookies* com gotas de chocolate americanos. Mas essa era a questão, certo? Não fazia sentido me apegar aos meus confortos e crenças americanos enquanto estava em Paris. Não importa quanto eu tentasse, não ia conseguir replicar meus amigos americanos ou minha vida fácil em Nova York.

Tinha vindo para Paris para escrever um capítulo novo, lembrei a mim mesma. Para ter novas experiências e novos amigos. Para novos sabores e possibilidades. Para aprender – sobre o mundo e sobre mim mesma – de uma maneira totalmente nova. Apenas não esperava que aquela parte do "novo eu" seria tão melancólica que nem um *cookie* conseguiria me fazer sorrir.

Mais pontos de doces no mapa

Como disse, Nova York é enlouquecedora quando se trata de cookies com gotas de chocolate. Os da City Bakery, Levais e Momofuku são os meus três preferidos. (Maury, que é tão hippie quanto francófilo, abriu várias filiais da City Bakery chamadas Birdbath, nas quais todo o mobiliário é reciclado e ecológico, os ingredientes são locais e orgânicos e os cookies ainda são gigantes e deliciosos). Ruby et Violette é um posto avançado do tamanho de um armário em Hell's Kitchen e recomendado pela Oprah, com mais de cem sabores malucos (apenas vinte são oferecidos ao mesmo tempo) como espuma de root beer, cobbler de pêssego ou baunilha francesa. E Jacques Torres não só faz uma xícara de chocolate quente dos inferno, como seus cookies com pedaços de chocolate são matadores – especialmente os que estão na grade aquecida, mornos e molengas como se tivessem saído do forno!

Há delicados e lindos doces franceses demais para que você se preocupe com um cookie com gotas de chocolate em Paris. Mas se realmente precisar de um, o Blé Sucré de Fabrice Le Bourdat no 12º e Laura Todd no Les Halles têm versões recomendáveis, e você pode encomendar cookies com gotas de chocolate enormes, cheios de chocolate e dourados às dúzias no Lola's.

Capítulo 9

O ÊXTASE DAS MADELEINES E DOS MUFFINS

Todos os dias você acorda diante de uma escolha: hoje será um dia bom ou um dia miserável? Vou reclamar da chuva que não para e do frio excessivo, da falta de opções no meu guarda-roupa, e dos 2 quilos a mais que estão no meu traseiro? Que tenho de me vestir e ir trabalhar apesar do tempo, do guarda-roupa e do traseiro? Ou vou ser grata? Vou me concentrar na minha sorte por ter um trabalho, pernas fortes o suficiente para me carregar até ele e uma família que me ama e que me apoia, mesmo com meu traseiro em expansão?

Não quero dizer que você não possa ficar de mau humor ou ter dias ruins. Deus sabe, também passo por isso. Sou de escorpião, afinal de contas. E se você não acredita em astrologia, tudo o que tem a fazer é perguntar a um dos meus amigos se "mal-humorada" e "volúvel" são descrições acuradas da minha personalidade ou pergunte a um de meus primos – Deus os abençoe – qual de nós era chamado de "cara de quem chupa limão" pela nossa avó (dica: não era nenhum deles). Mas ficar de mau humor cansa. E se aprendi alguma coisa naquele longo e escuro inverno em Paris é que, às vezes, se você muda de postura, a vida segue na mesma direção.

Um dos meus grandes feitos em Paris foi encontrar uma clínica geral que falava inglês e que também era ginecologista. Fingir que falava francês na lavanderia ou no correio era uma coisa. Mas sorrir fingindo que estava entendendo, com os pés sobre o metal gelado, usando um avental de papel aberto nas costas, estava acima das minhas habilidades como atriz. A Dra. Tippy era a arma secreta de uma garota inglesa em Paris, uma referência que Jo me passou generosamente quando finalmente resolvi lidar com algumas "questões femininas" que estava enfrentando.

- Então, como está passando - a Dra. Tippy perguntou com seu sotaque britânico. Ela falava rápido. Mesmo falando a mesma língua, às vezes tinha dificuldade em acompanhar o que ela dizia. E queria ter certeza de entender tudo o que ela dissesse naquele dia. Fazia oito meses desde que menstruara pela última vez e havia feito alguns exames duas semanas antes. Queria saber se estava acontecendo algo comigo.

- Certo, então tenho os resultados do seu exame de sangue - ela se adiantou, mexendo nos papéis sobre sua enorme mesa de madeira, sem esperar a minha resposta. - Hummm, hummm, está certo - ela murmurou para si mesma. Eu disse para a minha barriga ficar quieta, tudo ia dar certo.

Ela finalmente olhou para mim através de seus grandes óculos de coruja.

- Parece que seus níveis de estrogênio estão bastante baixos - sua voz também começou a ficar mais baixa. Minha barriga estava dando um nó e o tom de conspiração da Dra. Tippy me deixava nervosa. Isso me lembrava uma cena de O Primeiro Ano do Resto de Nossas Vidas, na qual todos se reúnem ao redor da mesa de jantar e a mãe sussurra "câncer", porque aquela era uma palavra muito feia para ser dita em voz alta. Ai, meu Deus, nossa conversa estava indo nessa direção? Minhas menstruações inexistentes – algo que eu obviamente sabia que não estava certo, mas que significava uma coisa a menos com que me preocupar naqueles meses – eram algo mais sério? Mais sinistro? A Dra. Tippy estava olhando novamente para seus papéis, com a voz tão baixa que parecia ronronar.

– Na verdade, eles quase não existem.

Ela continuou a falar, lançando nomes de hormônios femininos – LH, FSH, progesterona – mas eu quase não a conseguia ouvir por causa da voz que gritava dentro da minha cabeça, "Que merda? Que MERDA??" A culpa era minha. Sabia que tinha cistos nos ovários quando cheguei a Paris. Minha superginecologista em Nova York tinha me mostrado na ultrassonografia e dito que a primeira opção para tratar essa "síndrome de ovário policístico" era tomar pílula. Isso acontecera três dias antes de eu voar para uma nova vida em Paris. Eu tinha sapatos e livros para colocar nas malas. Pessoas e padarias das quais me despedir. Pegar uma receita de pílula anticoncepcional não estava na minha lista de prioridades. Então, bom, meio que fingi que ela não tinha dito nada. Sabia que isso era uma coisa boba e infantil, e os pequenos cistos ficaram martelando no fundo da minha cabeça desde então. Se bem que minha médica em Manhattan também havia dito que os cistos eram benignos, tratáveis e nada com que se preocupar, então não tinha me preocupado. Até agora.

– Então, o que isso quer dizer exatamente? – perguntei, em um tom calmo que pretendia não demonstrar minha irritação. – O "níveis de estrogênio não existentes"?

– Bem, isso pode significar algumas coisas – a Dra. Tippy respondeu em seu sussurro rápido. Conforme ela começou a explicar, as palavras que usou, tais como "ovulação", "fertilidade" e "menopausa", não me caíram bem. Tremia e me sentia desorientada. Não entendia o que estava acontecendo. Então as coisas só pioraram.

– Você tem um parceiro? – perguntou. – Vocês estão pensando em ter filhos? – O olhar benevolente da Dra. Tippy não me dava nenhuma pista do peso das suas perguntas. A sala estava insuportavelmente silenciosa enquanto ela esperava. Bebês inconsoláveis choravam na sala de espera no final do corredor.

– Não – eu estava pensando em ter filhos? – Quero dizer, sim. – Como eu me sentia exatamente a respeito da ideia de ter filhos? – Não, sim. Eu não tenho um parceiro agora, mas provavelmente quero filhos. Acho. Um dia.

– Ouça, você tem tempo. Você tem 36... espere, 37... vejo que fez aniversário recentemente – sua referência foi um toque a mais na facada que ela tinha dado na minha barriga cinco minutos atrás. – Bem, não importa. Obviamente isso é algo que precisa ser tratado em algum momento, especialmente se você pretende ter filhos no futuro.

A Dra. Tippy arrumou seus papéis alegremente de novo, dessa vez com uma postura determinada.

– Não posso fazer muito por você, então vou lhe dar o nome de uma endocrinologista, que é especialista em hormônios. Ela vai poder explicar as coisas um pouco melhor e dizer quais são as suas opções. – Arrancou a referência de seu bloco de receitas e me deu aquele sorriso de médico que deveria nos acalmar e dar segurança. Mas que só deu vontade de vomitar.

É desnecessário dizer que nos dias seguintes fiquei um trapo. As menores coisas – um impasse no trabalho, um francês mal-educado me cortando na rua, a foto da minha mãe na geladeira – era o que bastava para me transformar em um gêiser de lágrimas. Tinha de esperar duas semanas antes de ver a endocrinologista, o que me deixou, mais uma vez, com muito tempo para pensar. Sozinha com meus pensamentos. Duvidando de mim mesma.

Continuava a ouvir a Dra. Tippy perguntando: "Você pensa em ter filhos"? Era uma boa pergunta – que eu tinha sabiamente evitado durante anos. Sempre pensei que primeiro precisava conhecer alguém por quem me apaixonasse. Alguém com quem soubesse que queria passar o resto da minha vida. Então, talvez então, consideraria a questão dos filhos. Para mim, começar uma família era o resultado de amar tanto uma pessoa a ponto de ter vontade de ter um filho com ela. Enquanto estava apaixonada por Max e tinha memórias adoráveis com Eric, era jovem demais ou nossa situação não se adequava àquele tipo de compromisso.

Eu havia alterado minha vida para sempre, sendo tão descuidada com meu relógio biológico? Aqueles anos jovens e férteis, propositalmente ignorados, voltariam para me atormentar? Apesar de eu não saber com certeza se queria filhos, certamente não queria que ninguém me dissesse que isso não era uma opção.

Enquanto me revolvia de medo, meu instinto era o de ligar para alguma amiga nos Estados Unidos, mas não me parecia certo fazer isso. Eu não queria que ninguém se sentisse culpado pela sua boa sorte. O casamento de AJ se aproximava. Ela ia se casar dali a algumas semanas e eu sabia que ela estava empolgada para começar a tentar engravidar. Todos os outros já tinham filhos, haviam seguido o caminho tradicional de casar antes dos 30 e começar famílias um pouco depois. Eu acompanhara muitos dramas maternos com eles: a falta de sono, de sexo, de férias. Fraldas e camas sujas. E os grandes dilemas existenciais entre escolher ser mãe em tempo integral ou uma mãe que trabalha fora, e a pressão para sempre ser uma supermãe. Ouvindo minhas amigas sofrerem ao longo dos anos, secretamente havia me considerado sortuda por não ter de tomar aquelas decisões. Eu sei que não é fácil. E de maneira egoísta, pensava que nunca teria que sacrificar meus sofás de designers famosos, as preguiçosas manhãs de domingo e o sexo casual.

Sabia que minhas amigas não veriam as coisas desse jeito, mas achava que, se ligasse para elas agora, num poço de desejo de fertilidade, elas se sentiriam culpadas. Sempre me senti realizada e orgulhosa com minha vida sozinha – ela me dava liberdade e fazia cada um dos meus dias mais divertido, emocionante e inesperado. Esse projeto parisiense era um exemplo perfeito. Só pude levá-lo adiante porque era solteira e não tinha nenhuma obrigação a não ser pagar o financiamento do apartamento e comprar a comida do gato. E quando contei para todo mundo que iria para Paris trabalhar com a publicidade da Louis Vuitton e aprender a diferença entre *pâte à choux* e massa folhada, eles ficaram empolgados e com inveja. "Me leve junto!", brincavam.

Mas agora que tinha 36 anos – ops, 37 – talvez não fosse invejável. Minha resposta automática "se acontecer, vai ser bom" precisava ser repensada. Eu tinha ignorado a questão de filhos imprudentemente, enterrando-a bem fundo como se fosse uma possibilidade para dali a muitos anos. E talvez agora fosse tarde demais. Era um lembrete de que tinha sido teimosa em trilhar o caminho da independência. Aquele no qual agora estava, ao que tudo indicava, perdida.

– Ah, querida, sinto muito. Sei exatamente pelo que você está passando.

Como prova adicional de que Melissa e eu havíamos sido separadas no nascimento, ela realmente sabia – cinco anos atrás ela tinha passado um susto parecido, que resultara no prognóstico de que não poderia ter filhos. Agora ela estava me oferecendo o conforto e o apoio de que realmente precisava naquele momento.

– É como se meu corpo estivesse me traindo. Só tenho 36 anos... droga, continuo fazendo isso. Continuo pensando que tenho 36. Mas tenho 37...

– Mesmo assim, Aim, com 37 você ainda é jovem. Tem tempo.

– "Jovem" é forçar a barra. Ter 37 anos não é exatamente ser "jovem". Especialmente quando se é mulher, e certamente quando não se está engravidando – nos olhamos de maneira cúmplice, deixando para outro dia a conversa sobre a indignidade do envelhecimento e a injustiça de envelhecer como mulher em comparação com os homens. – Mas, sério, esse é apenas um sinal do que está por vir? Vou começar a decair e me despedaçar? Quer dizer, meus ovários simplesmente decidiram parar de produzir óvulos?! E esses cistos? Sabe, às vezes o resultado é que você cria barba!

Melissa caiu na risada.

– Barba? Do que você está falando?

– Sério, é um dos sintomas nos casos mais severos!

– Desculpe, eu não deveria rir. Não tem graça. Mas acho que a última coisa com a qual você deve se preocupar é a barba. Não há nada no seu queixo a não ser uma pele de pêssego adorável.

Ela esticou o braço e tocou meu rosto. Adorava como ela era carinhosa. Estávamos sentadas em sua sala de estar iluminada pelo sol, com vista para o canal de Saint-Martin, sem maquiagem, sem pretensão. Conforme nossa amizade se desenvolveu ao longo dos meses, uma intimidade gostosa surgiu entre nós, o que tornava ficar em casa algo tão confortável como se estivesse com uma de minhas amigas americanas. Não precisávamos da distração de um cenário agitado ou da desculpa de um novo bar para nos reunir. Ouvindo os bongôs dos adolescentes ecoando pelo canal, observando as castanheiras balançando ao vento do lado de fora de sua janela, eu estava muito agradecida por ter alguém com que contar, de verdade, em Paris.

– Eu não acho que você vai ficar com barba, querida. E acho que você terá filhos. Simplesmente sinto que você vai conhecer alguém e ser mãe. Eu realmente vejo isso no seu futuro. Sei que isso não faz parte da minha vida, e estou bem com isso, mas acho que vai acontecer com você.

– Mesmo? – perguntei suplicante, como se ela estivesse olhando para uma bola de cristal e realmente pudesse dizer o que meu futuro guardava. Eu não tinha sido capaz de descobrir depois de todos esses anos. Talvez a Mel conseguisse.

– Sei que você tem uma indicação... e, aliás, nem sabemos exatamente qual é a sua situação ainda, isso pode ser apenas um problema passageiro... mas posso lhe dar o nome de um dos melhores especialistas em fertilidade da cidade, se quiser.

Eu tinha tantas perguntas e dúvidas, tanta incerteza e frustração sobre o que estava acontecendo com o meu corpo. Infertilidade? Bebês? Meu futuro? *Mon dieu*. Mas ter uma amiga com quem contar fazia com que eu me sentisse invencível, mesmo que por um momento. Assim como uma boa conversa com a AJ. Minha consulta com a endocrinologista era no dia seguinte, então, pela primeira vez naquelas duas longas semanas de espera, fiquei otimista. Tinha a Mel ao meu lado. Eu podia enfrentar isso.

Eu devia saber. Àquela altura, estava morando em Paris havia quase nove meses. Estava familiarizada com o comportamento ocupado. Com o nariz empinado e os ombros subindo e descendo; a atitude "*Pfffff*". Então o que esperava, que essa especialista me desse abraços e compaixão junto com o diagnóstico?

Lá estava eu no dia seguinte, tremendo em outro avental, em outra mesa de exame, em uma parte diferente da cidade. Mais uma vez, sujeitei-me a ser pesada nua e a recitar o histórico médico da família. Minhas unhas estavam azuis e meu corpo arrepiado quando finalmente chegamos à questão e aos sintomas atuais. Apesar da tremedeira, as palmas da mão criavam poças de suor sobre o meu colo. Engoli um nó de ansiedade pela garganta, mas consegui conter as lágrimas. Enquanto esperava pela opinião da Especialista, não consegui perceber nada nela. Estava morrendo. Senti como se todo o meu futuro biológico estivesse nas mãos dessa endocrinologista alta, de cabelo armado e rosto inexpressivo.

– Você sabe o que deve fazer? - ela finalmente perguntou, suas palavras caindo como gotas irritantes em um balde, ao contrário da metralhadora da Dra. Tippy. Balancei a cabeça e engoli novamente. - *Profiter d'être à Paris*. - Ela deu essa simples recomendação com total confiança.

– *Eh, excusez-moi?*

– *Profiter d'être à Paris* - ela olhou para mim e então repetiu mais uma vez, dessa vez com mais ênfase. -- *Profiter d'être à Paris*! - Ok, onde estava a câmera escondida? Isso era uma piada, certo? Pelo que entendi, eu seria examinada por causa dos cistos nos ovários e minha fertilidade era incerta, e ela estava simplesmente dizendo para aproveitar o fato de estar em Paris? Eu queria um bom plano de ação. Queria um plano de tratamento. Queria remédios! Afinal de contas, o que ir ao teatro e à ópera tinha a ver com os meus ovários?

Se eu estivesse em Nova York, sabia que receberia todos os tipos de receitas e recomendações. Mas a Especialista - de modo tipicamente francês - minimizou tudo. Então, meu estresse interno de viver em um novo país e uma nova cultura tinha feito meu sistema ficar meio maluco? *C'est normal*. Então meus ovários estavam temporariamente segurando meus óvulos! *Pas grave*. Então eu estava com 37? *Peu important*. Eu só precisava relaxar.

As pílulas que a Dra. Tippy havia prescrito – e dessa vez eu estava tomando – tinham como objetivo enganar meu sistema e fazê-lo "trabalhar" de novo e acabar fazendo esses cistos irem embora. Eu ainda era jovem e cheia de vida. Agora, se eu conseguisse simplesmente curtir o fato de estar ali – assistir ao Balanchine, comer um pouco de *foie gras*, fazer o que as pessoas de todo o mundo matariam para fazer no meu lugar – bem, isso me faria melhorar! Eu poderia ter um corpo saudável e fazer alguns bebês saudáveis. *Pourquoi pas*? Por que não?

Sentada sobre a mesa de exames, eu balançava os pés enquanto esperava por seu verdadeiro conselho – uma receita, o nome de outro especialista, até mesmo algumas ervas orientais ou técnicas de meditação, qualquer coisa tangível com a qual eu pudesse ir embora e sentir que estava no controle da situação. Mas esperei em vão. A Especialista levantou de sua mesa, colocou um cacho atrás da orelha, e me desejou uma *bonne journée*.

Enquanto vestia meus jeans – droga, definitivamente mais justos do que costumavam ser – o cansaço das duas últimas semanas de montanha-russa emocional se abateu sobre mim. Uma tempestade de emoções me atingiu de uma só vez: irritação, descrença, medo, tristeza, arrependimento. Mas ainda assim estava gargalhando. Esse processo longo e exaustivo coroado pela indiferença da Especialista foi totalmente absurdo. Era o que podia se esperar de Paris. *Vive la France*!

Fiquei vagando pelo *12º arrondissement* depois da consulta, murmurando para mim mesma. É isso! Apenas curta estar em Paris! Moleza! Não se preocupe com seu relógio biológico, *mademoiselle* – você bem que podia ter 27!

Mas enquanto passava sob o toldo verde da Blé Sucré, a confeitaria de Fabrice Le Bourdat na praça Trousseau, a ficha caiu. Se Marcel Proust, o gênio literário francês, teve uma revelação ao morder um bolinho para chá conhecido como *madeleine*, será que eu poderia passar por uma experiência profunda parecida? Talvez, em vez de despertar uma memória involuntária, eu despertaria um ajuste de comportamento involuntário? As *madeleines* glaçadas com limão de Fabrice eram reconhecidas como as melhores da cidade. Um desses bolinhos de pão de ló seria a chave para eu seguir adiante? Sabia que não poderia voltar no tempo, mas talvez algo pudesse ser disparado, liberando meus hormônios, enchendo-me de fertilidade, deixando meu corpo equilibrado novamente? Uma *madeleine* poderia fazer com que eu melhorasse? No mínimo, sabia que ela seria gostosa. Entrei.

Considerando que Fabrice havia sido confeiteiro no hotel cinco estrelas Bristol, conhecido pelas suas sobremesas divinas, e antes disso, dos requintados Plaza Athénée e Hotel de Martinez em Cannes, ele tinha uma postura muito calma e blasé a respeito do assunto (não muito diferente da atitude da Especialista em relação aos meus ovários). Depois de fazer carreira, ele e sua esposa abriram uma padaria modesta em 2006 – o tipo de lugar que todo mundo gostaria de ter perto de casa. A cada manhã, e em levas durante o dia, filas de clientes saíam pela porta atrás de suas baguetes crocantes, *viennoiserie* que se desfaziam e uma grande seleção de *petits gâteaux*. Alguns, como o Le Vollon, de forma arredondada, eram tão brilhantes, que o chocolate amargo parecia derretido. Outros, como L'Aligre, eram tão fofos como nuvens, cobertos com raspas de abacaxi cristalizado. Celine, a esposa de Fabrice, atendia os clientes alegremente, e muitos se sentavam às mesas de ferro cor pastel na frente da padaria. Às vezes, Fabrice se juntava a eles para tomar um expresso. Realmente, nada deixa um confeiteiro mais feliz do que agradar os clientes – com seus produtos e sua amizade. Em troca, muitos parisienses afirmavam que suas baguetes e *pains au chocolat* eram os melhores da cidade. Mas quase ninguém se atreveria a dizer que as *madeleines* não eram o máximo.

Esses bolinhos em forma de concha, da cidade de Commercy, no noroeste da França, datam no século XVIII. Consumidos com chá, são feitos com massa *génoise*, à base de ovos e, assados, mantêm a cor amarela (apenas as bordas escurecem). Eles podem ser devorados em cinco ou seis bocados, tornando quase impossível não pegar o segundo, e o terceiro. São um pouco parecidos com os *muffins* americanos – se você ignorar os atuais *muffins* enormes e cheios de doce que se tornaram tão populares nos últimos anos. Se bem que existe pelo menos um lugar em Nova York que se ateve ao conceito simples e integral do *muffin*: o Thé Adoré em Greenwich Village.

Apesar do nome francês, foi um senhor japonês que atende pelo nome de Yukihito Yahagi quem abriu o salão de chá de dois andares há vinte anos. Uma pequena multidão de japonesas fofas e descoladas trabalha ali todos os dias, exceto aos domingos, produzindo sanduíches, sopas e quiches simples. Fiel ao verdadeiro conceito de salão de chá francês, elas assam itens tradicionais como *croissants* de amêndoas, brioches e até *madeleines*, mas que não se comparam aos de Paris. As *madeleines* de Fabrice são úmidas, leves, amanteigadas e deliciosas, já as do Thé Adoré tendem a ser mais secas e quebradiças – evidência de que a imitação pode ser a maior forma de elogio, mas é difícil bater um confeiteiro francês no seu próprio jogo. E com a fina camada de *glaçage* de laranja usada por Fabrice, feita com suco espremido na hora, eles definitivamente têm o toque vencedor.

Os *muffins* do Thé Adoré, no entanto, são incríveis. Simples. Despretensiosos. Adoráveis e deliciosos. Em vez de bolinhos do tamanho de uma bola de beisebol, explodindo com recheios absurdos, existem apenas três variedades – framboesa, banana e mirtilo clássico. Assados em humildes pedaços de papel-manteiga, eles são do mesmo tamanho daqueles que nossas mães comiam nos anos 1950. Eles têm a sensibilidade do "faça você mesmo caseiro" que eu adoro.

Ele se tornou meu refúgio favorito em Nova York: tomar um café matutino e comer um *muffin* de mirtilo – clássico americano –, em um salão de chá franco-japonês chique. Com mesas de madeira escura e cadeiras desaparelhadas espalhadas pelo assoalho de tábuas corridas, a sala do segundo andar é tão aconchegante quanto um chalé nas montanhas de Catskills. Até você olhar para fora pela enorme janela que dá para a 13th Street e ver todos os estudantes da NYU correndo de um lado para o outro com seus tatames de ioga e seus shih-tzus, e perceber que está no epicentro de Nova York. Ainda assim, sempre achei o Thé Adoré romântico e tranquilo. É um dos poucos lugares na cidade onde você pode sentar com seus pensamentos e desaparecer por um tempo.

E ali estava eu, fazendo a mesma coisa a quilômetros de distância. Peguei um saquinho com quatro *madeleines* – são vendidas assim na Blé Sucré – e me escondi na praça Trousseau. O edifícios de pedra calcária erguiam-se sobre o parque do bairro, e a luz do sol era filtrada pelas castanheiras nuas. Um grande coreto ficava escondido no meio do parque. Mesas de pingue-pongue e de pebolim – que os franceses chamam de *babyfoot* – vazias enfileiravam-se como soldados em um canto. O outro lado era ocupado por um enorme parque infantil. Olhei em volta e vi que não era a única me deliciando com doces no parque.

Eram 4 h da tarde, hora do *gouter* – o momento glorioso no qual era permitido fazer uma boquinha. Todas as criancinhas comiam *madeleines* como as minhas, ou *pain au chocolat*. Algumas mais humildes comiam biscoitos do supermercado. Mas não havia docinhos industrializados ou bolachas recobertas com "queijo" cor de laranja. As crianças francesas aprendem cedo a importância da boa alimentação. Das paredes de escalada e dos escorregadores do parquinho ecoavam vozes fofas, que de vez em quando eram pontuadas por gritos e choros não tão fofos assim. Um parque público em Paris não era exatamente o lugar para dar um tempo e pensar sobre filhos.

Talvez fosse uma coincidência, ou talvez as *madeleines* – boas *madeleines* – realmente tivessem poderes transformadores. Tudo o que posso dizer é que os bolinhos úmidos e com sabor cítrico de Fabrice foram pelo menos em parte responsáveis por melhorar o meu ânimo. Sentei em um banco do parque, saboreando minhas guloseimas de pão de ló, e meu ânimo começou a voltar. Mesmo que não tivesse gostado do conselho da Especialista, não podia reclamar. Alguém havia me dito para curtir Paris. Para aproveitar o fato de viver num lugar tão fenomenal – aliás, a razão pela qual eu viera para cá para começar. É verdade, me dei conta, eu era sortuda. Sortuda de viver em Paris, seguindo meu próprio caminho. Simplesmente não podia ficar chorando pelo leite derramado e pelo que poderia ter acontecido.

Eu havia passado 37 anos seguindo meu coração e meus instintos. Não havia por que duvidar de mim mesma agora. Quando era mais nova e estava namorando, não parecia a hora de casar e ter filhos. E por mais abalada que estivesse me sentindo ultimamente, sabia que não me arrependia dessas decisões. Talvez eu ainda tivesse a sorte de conhecer alguém que roubasse meu coração e acabasse tendo filhos, como a Melissa havia previsto. Talvez não. Mas, conforme as migalhas da última *madeleine* se desintegravam na minha boca, sabia que tudo ia acontecer da melhor maneira. A cada mordida no pão de ló, minhas emoções se renovavam.

Estava disposta a aceitar o diagnóstico otimista da Especialista. Decidi que 2010 seria o ano no qual eu curtiria o fato de estar em Paris. Meu estômago estava cheio de doces. O sol de inverno era quente e agradável. E era um novo dia em Paris. Ele tinha começado meio miserável, mas as coisas voltavam a ter um brilho dourado novamente.

Mais pontos de doces no mapa

O atual caso de amor entre Nova York e Paris significa que você consegue encontrar muitas madeleines *gordinhas* em Nova York e muitos muffins de vários sabores em Paris. Talvez não na mesma proporção do intercâmbio "franglês" entre cupcakes e macarons, mas está se tornando cada vez mais popular também entre esses pequenos e esquecidos docinhos.

Em Nova York, você encontra madeleines *boas e úmidas* na Duane Park Pâtisserie em Tribeca, na Ceci-Cela em Nolita e na rede Financier Pâtisserie em constante expansão. Para achar muffins em Paris que o remetam aos Estados Unidos, pare no Bob's Juice Bar no Canal Saint-Martin, no Columbus Café no Marais ou no Lili's Brownies Café em Saint-Germain.

Capítulo 10

BOLO DE CENOURA
É O NOVO BOLO DE BANANA

"Now, I've... had... the time of my life... and I owe it all to yoooooo-uuuuu." ("Esta foi... a melhor época da minha vida... e devo tudo isso a vooo-cêêê.")

Ah, Estados Unidos. Era bom estar de volta. O JFK estava lotando como sempre. A trilha sonora de *Dirty Dancing* que saía pelos alto-falantes me lembrava das tardes de verão na faculdade, quando eu passeava pela minha cidade litorânea em Connecticut no meu pequeno Jetta prateado. Kim Kardashian e Lady Gaga ocupando todas as capas de revista me lembravam como, lamentavelmente, eu estava desligada do *smut du jour*. Bebês choravam de dentro de seus carrinhos de mil dólares, celulares baliam como em uma sinfonia eletrônica, todos – mesmo crianças de 3 anos que mal andavam – puxavam malas com rodinhas, criando um campo minado colorido e móvel enquanto eu saía do terminal da Air France e seguia em direção à alfândega americana.

Essa era a mesma sobrecarga sensorial que havia me horrorizado na primeira viagem de volta para casa apenas alguns meses antes. Mas agora, cercada por pessoas usando abrigos esportivos, com bronzeados e tatuagens falsos – algo muito distante dos jeans justos, sapatilhas de bailarina e lábios perfeitamente pintados de Paris – era como se eu recebesse um enorme, caloroso e aconchegante abraço dos Estados Unidos. Dessa vez, eu não estava reclamando.

Talvez fosse o novo ponto de vista que havia adotado desde a visita à Especialista: ser feliz e agradecida pelo que tenho e observar como o mundo se abre para mim. Como prova de que o universo estava realmente tentando cooperar e me apoiar mais, a sessão de fotos que eu tinha de acompanhar em Nova York havia sido agendada para a semana anterior ao casamento de AJ. Tive de viajar a trabalho e ainda ficaria lá para o casamento da minha melhor amiga. Nada mal. Melhor ainda, ficaríamos hospedados no 60 Thompson, um hotel butique na parte oeste do Soho. Todas as manhãs, eu caminhava pelo Hudson River Park, a estreita borda do rio que se estende da 59th Street até o Battery Park e oferece uma das melhores vistas da cidade. À noite, relaxávamos no *lobby* com drinques, observando o desfile de hóspedes estrangeiros passando com suas sacolas de compras cheias de objetos sofisticados. O melhor de tudo, o serviço de quarto deixava dois *brownies* da Fat Witch na mesinha de cabeceira todas as tardes. Eu também não deixava de atacar os carrinhos das camareiras, renunciando aos produtos de banho da Kiehl em favor de um estoque pessoal de guloseimas que podiam ser devoradas em duas mordidas. E "trabalhar" nesses poucos dias gloriosos consistia em preparar as sessões e então acompanhar as fotos de Annie Leibovitz e Mikhail Baryshnikov – duas lendas do mundo das artes – para a nossa campanha mais recente. "Uma garota pode se acostumar a isso", era o primeiro pensamento que me passava pela cabeça todas as manhãs quando recebia a ligação da portaria para me acordar e zapeava o NY1 para ver as notícias que Pat Kiernan dava nos jornais.

Mas mesmo que a semana de trabalho tenha sido luxuosa e empolgante, também me deixou esgotada. Quando minha equipe partiu para o aeroporto no final daquela semana lotada, suspirei aliviada e migrei para o norte. Estava em casa! Em Nova York! Minha melhor amiga ia se casar e seriam os melhores momentos de nossas vidas!

– A, você está deslumbrante!

Claro que toda noiva é bonita, mas AJ estava realmente radiante. E ela nem tinha colocado o vestido ou se maquiado ainda. Era a noite anterior ao casamento e, em lugar do tradicional jantar de ensaio, AJ e Mitchell fizeram uma pequena festa de inauguração da sua casa, em um prédio de tijolo aparente em Brooklyn Heights. Foi uma representação perfeita deles como casal: despreocupada, divertida e tinha tudo a ver com lar, família e amigos.

– *Merci, mon amie* – ela respondeu, abrindo um sorriso que fez seus olhos azuis acenderem e seu nariz enrugar. Era como se ela não conseguisse conter sua felicidade; nunca a tinha visto mais feliz – ela estava ainda mais feliz do que quando tirou o aparelho no colégio. Era muito maluco pensar que, quando deixei Nova York nem um ano atrás, ela e Mitchell tinham acabado de se conhecer. Agora eles trocariam votos de casamento dali a algumas horas. Você nunca sabe o que – ou quem – a vida vai lhe trazer.

Enquanto a casa ficava cheia com os convidados, a energia passou de relaxada para festiva. Também era uma ocasião especial para mim – a oportunidade de ver tantas pessoas do passado e compartilhar lembranças com meus melhores amigos do colégio. Ben ia começar a cantar em uma banda nova, Julie estava convencida de que sua filha ia dar ainda mais trabalho aos 16 anos do que dava agora aos 4, e o marido de Elisa produzia um programa novo na MTV. Coloquei a conversa em dia com os tios e tias da AJ, muitos dos quais não via desde que fora para o Iowa com AJ aos 13 anos, extremamente obcecada com a altura do meu topete e sobre quando conseguiria preencher um sutiã. Priminhos e filhos de amigos, movidos a M&Ms, corriam excitados pelas salas espaçosas; o *shuffle* do iTunes tocava Van Morrison, Alicia Keys e Coldplay; e a mesa era lentamente esvaziada de seus frios, saladas e *cupcakes*.

No final da noite, em vez de partir para a saideira com o resto da turma como faríamos normalmente, AJ e eu pegamos um táxi de volta para Manhattan. Ela sabiamente queria ter uma boa noite de sono. Eu era sua madrinha e estava ali para garantir que o final de semana de seu casamento saísse exatamente do jeito que ela queria. Além disso, meus pés estavam me matando depois de passar a noite toda usando os novos sapatos de salto alto com cadarço do Charles Kammer que havia comprado em Paris.

– Como você está, Aim? – ela perguntou quando já estávamos aconchegadas entre os lençóis engomados e os cobertores dobrados nos lados opostos na cama *king-size* em sua suíte no hotel. A compaixão e a sinceridade de AJ sempre – por falta de um termo menos meloso – aqueceram meu coração. Depois desses últimos meses de tão pouca empatia ou conexão na minha vida, isso era especialmente bem-vindo. Estava aliviada por poder baixar a guarda.

– Estou bem – disse a ela. – Definitivamente foram

meses difíceis, mas estou dando conta. – Ouvi as buzinas dos táxis e as sirenes das viaturas policiais ecoando na avenida cavernosa vinte andares abaixo, abafadas pelas janelas de vidro duplo. Uma porta bateu em algum lugar no corredor, outro sinal de que a noite estava acabando.

– Nunca imaginei que pudesse ficar tão deprimida quanto no último mês em Paris – continuei. – Cheguei ao fundo do poço. Mas, quem sabe? Talvez os cistos nos ovários tenha sido a melhor coisa que me aconteceu. AJ me olhava de maneira interrogativa, esperando que eu continuasse. – Tudo tem sido inquietante e... uma merda. E realmente não gosto de pensar na possibilidade de eu não poder ter filhos. Mas ao mesmo tempo, sinto como se tivesse recebido uma segunda chance. Precisei de fato pensar sobre as coisas, quais são as minhas prioridades e o que quero da vida, em vez de só seguir a corrente, sabe? É como se fosse uma oportunidade antes da meia-idade de decidir o que quero fazer e para onde quero ir.

– É verdade, Amy. Quero dizer, olhe para você – ela fez uma pausa dramática. – Está vivendo no exterior, na cidade mais bonita do mundo. Trabalha com a publicidade da Louis Vuitton. Viaja todos os meses. Está cercada por toda aquela moda incrível e por aquelas pessoas fabulosas...

– E não se esqueça dos doces de virar a cabeça!

– Sério. É muito incrível.

– Eu sei, é sim. – Virei para o meu lado e fiquei olhando para o teto, deixando esse momento de afirmação tomar conta de mim. Pensei nas viagens que tinha feito nos últimos meses – para Londres para passar uns dias com meu irmão e sua família, e para Nantes e Lille, duas cidades em lados opostos do país que têm arte, arquitetura e, *bien sûr*, doces incríveis. Pensei em como minhas novas amizades com Melissa, Michael e Jo me satisfaziam, e como dava muito mais valor aos meus amigos e à família nos Estados Unidos. Também estava empolgada com a nova comunidade de bloggers da qual participava e até com o carinho que sentia pelos meus colegas. Tinha passado pelos piores e melhores momentos da minha vida naqueles últimos meses em Paris.

Graças a Deus havia decidido superar a solidão e os medos, e não voltei para casa correndo com o rabo entre as pernas quando as coisas começaram a ficar difíceis. Estivera a ponto de largar tudo e voltar para o conforto e a familiaridade de Nova York. Mas se fizesse isso, teria abandonado a melhor oportunidade da minha carreira. Nunca teria visto tantas coisas no interior da França. Agora eu não comeria pato, coelho, arenque e sardinha, e umas 18 variedades de queijos e vinhos seriam completamente desconhecidas para mim. Apenas algumas semanas antes, estava convencida de que Nova York era o meu lugar. Agora sentia que era Paris.

Embora ainda houvesse questões – quanto tempo eu gostaria de ficar, para onde deveria direcionar minha carreira, se eu realmente me apaixonaria e teria filhos – também sabia que encontrar as respostas exigia esforço e paciência. Mas encontrar essas respostas era o motivo pelo qual eu estava em Paris.

– Quer dizer, é um saco que eu não conheci ninguém ainda e continuo tendo dificuldade com a língua e em conhecer pessoas – prossegui com minha minissessão de terapia com AJ, que estava apoiada sobre os cotovelos. Virei e a encarei. – Mas todo mundo tem problemas, sejam eles quais forem. Estou apenas tentando focar no lado positivo e acreditar que o que tiver que ser, será. – Fiz uma pausa. – E será, realmente acredito nisso. Estou parecendo uma louca da Nova Era?

– De jeito nenhum. Acho que sua atitude está correta. Não sabemos o que futuro vai trazer, então curta seu tempo em Paris, Aim. Você é sortuda por ter a liberdade de fazer o que está fazendo e curtir tantas coisas legais. Devia ter orgulho de si mesma – ela me animou. – Não é fácil mudar para uma cidade estranha, onde você não conhece ninguém.

– Obrigada, A – respondi. – Mas chega de falar de mim. É isso aí! Você vai casar amanhã. Que loucura, não?

– Eu sei, casar. Não parece real. – AJ foi tomada por um pequeno devaneio, com os olhos embaçados. Então ela olhou para mim. – Nós nos divertimos tanto.

– Você e Mitchell?

– Não! Você e eu! Lembra daquelas noites no Passerby? – ela perguntou, referindo-se ao minúsculo bar em Chelsea com uma pista de dança iluminada como em Embalos de Sábado à Noite. Inevitavelmente era lá que acabávamos nos nossos anos de solteiras, dançando até as primeiras horas da manhã.

– Sim, e um monte de kir royal no Pastis...

– E os passeios com Warren e Eddy na Bond Street...

– Ah, sim, tinha me esquecido deles! – confessei. Afinal de contas, nossas noites tendiam a acontecer bem longe do Noho, no Meatpacking District que parecia um circo e nas ruas escuras e tortuosas do West Village. – E lembra das festas que dávamos no apartamento do Craig? Elas eram tão divertidas. – Também podíamos estar falando de nossos bailes de debutantes ou de formatura com a quantidade de nostalgia na qual estávamos mergulhadas.

AJ começou a rir.

– Lembra quando você fez aquela postura de ioga do corvo usando um vestido de festa roxo? Aquelas fotos são incríveis.

– E, e então claro que o Craig tinha de me superar fazendo uma postura ainda mais difícil. – Nós duas caímos na risada lembrando da época em que nosso bom amigo e eu fazíamos posturas de ioga durante as festas. Não me pergunte por que fazíamos isso, simplesmente fazíamos. Aconteceu uma vez e então se tornou uma brincadeira comum em festas. – E lembra do Giles? Lembra da noite que conhecemos o Gino e ele, e fomos para o apartamento deles e ficamos acordadas a noite inteira, dançando ao som de Bee Gees?

– Meus Deus. Quando foi a última vez que você viu o sol nascer?

– Naquela noite – suspirei. – Acho que levei uma semana para me recuperar.

Foi isso: nossa última noite como solteiras juntas e, em vez de arrasar na cidade, estávamos rindo como adolescentes, lembrando de todas as noites na cidade nas quais vivemos nossa história – e, de vez em quando, bancamos as bobas. Mas pelo menos aproveitamos ao máximo nossos momentos juntas em Nova York. Apesar de saber que AJ e eu sempre seríamos próximas, também sabia que estávamos dizendo adeus: para nossas antigas vidas, para o tempo em que éramos jovens, loucas e livres em Nova York. Comigo em Paris e AJ a caminho do altar, estávamos oficialmente entrando em uma nova fase, um tempo em que *cupcakes* de banana e coquetéis tarde da noite seriam mais ocasionais do que de *rigueur*. Em breve, um modesto prazer como o de sentar na Billy's seria um evento raro.

– Tivemos muita sorte – disse quando paramos de rir.

– Muita sorte, eu sei – AJ e eu nos olhamos em um momento de história compartilhada. Podia vê-la como uma menina da 7ª série desajeitada e com vontade de agradar a todos; uma caloura de faculdade nervosa com seu Chevrolet amarelo cheio de caixas; uma estrela brilhando na pista do Passerby. Não importa o que acontecesse, sempre seríamos irmãs de alma.

– Vamos dormir um pouco – sugeri, esticando o braço para apagar a luz. – Amanhã vai ser um dia meio que importante, sabe.

– Você está certa – AJ sorriu. – Boa noite, Aim.

– Boa noite. Amo você.

– Também amo você.

Entre fazer o cabelo, a maquiagem e encontrar um sutiã tomara-que-caia, uma anágua até a altura do joelho e meias-calças pretas – coisas de que precisava desesperadamente para o casamento, e que era muito menos complicado e estressante comprar em Nova York do que em Paris –, além de tentar passar pela Billy's para pegar um *cupcake* de banana para a AJ, eu tinha que terminar de escrever meu discurso. Apesar de uma rápida incursão pela equipe de debates do colégio, falar em público nunca foi o meu forte. Na verdade, odeio fazer isso. E apesar de esse discurso ser para a minha melhor amiga, a ideia de ficar de pé sob o grande pé direito do salão principal do Yale Club, onde os olhos de 120 convidados, além dos retratos emoldurados de cinco presidentes que estudaram em Yale, me observariam, tentar ser ao mesmo tempo charmosa, engraçada, sincera e eloquente, nauseava-me como se eu tivesse devorado "acidentalmente" as 1.080 calorias do pote de sorvete Phish Food da Ben & Jerry.

Mas escrever o discurso também foi uma experiência catártica. Ter começado a mais de seis mil quilômetros de distância me deu literalmente o distanciamento para refletir sobre uma vida praticamente inteira de amizade com AJ: a procura pelo amor em nossas vidas, os ideais e as fantasias românticas que criamos – e que fizeram nossa cabeça ao longo do caminho. Nossa noção do parceiro perfeito mudou ao longo dos anos, dos rapazes descolados da Nova Inglaterra da nossa adolescência, para os homens sedutores e artísticos quando tínhamos 20 anos, até que, depois dos 30, nos dávamos por felizes se conhecêssemos alguém mentalmente são, bem empregado e sem filhos, sem problemas com álcool ou tendências misóginas latentes.

Apesar de eu ter sido daquelas garotas que já tinham escolhido as madrinhas e os nomes dos filhos aos 18 anos, aos 37 minha vida obviamente não se parecia em nada com a que meu eu mais jovem havia imaginado. Mas, às vezes, você quer as coisas simplesmente porque acha que é o que deve fazer. E, às vezes, são as coisas que você nunca imaginou querer que dão maior significado à sua vida. No mesmo instante em que AJ mergulhava na vida de sonhos que fantasiamos enquanto crescíamos juntas, meu coração tinha me levado mais longe. Ele tinha me levado à Paris.

A mistura anglo-francesa de duas culturas que eu estava experimentando na minha vida pessoal também podia ser vista na crescente popularidade de certos doces em Paris. Na verdade, os bolos de cenoura individuais da padeira inglesa Rose Carrarini – no formato e tamanho das latinhas de sopa da Campbell, com uma generosa camada de cobertura de *cream cheese* – haviam se tornado os ícones da *cuisine anglaise* desde que ela e seu marido francês, Jean-Charles, abriram a Rose Bakery em 2002 na então pacata rue des Martyrs no *9º arrondissement*.

Anteriormente, o casal já tinha montado um império de sucesso em Londres chamado Villandry. Depois de desenvolver e vender esse negócio, eles decidiram seguir para o sul para escrever um novo capítulo: uma pequena padaria na qual pudessem colocar mais a mão na massa.

É um pouco irônico o fato de que o bolo de cenoura tenha se tornado o símbolo de sua nova loja, já que Rose não tinha estudado confeitaria formalmente e também não gostava de doces. Mas ela e Jean-Charles tinham uma paixão por ingredientes saudáveis e orgânicos, uma percepção aguçada das tendências da moda e alguns conhecidos importantes. A cunhada de Rose é Rei Kawabuko, a estilista da Comme des Garçons, e eles criaram metade do menu para a Colette, a loja conceito superdescolada na rue Saint-Honoré que atraiu os hispters internacionais com sua seleção de tênis personalizados, música eletrônica e livros de arte. Apesar de o casal ter sido intencionalmente vago a respeito de onde e quando abririam a padaria, a notícia se espalhou e os parisienses estilosos já estavam fazendo fila antes mesmo de eles abrirem as portas.

Assim como a intenção do casal sempre foi dissolver a distinção entre a culinária caseira e a dos restaurantes, oferecendo alimentos simples e integrais, eles também romperam as fronteiras entre a cozinha e a sala de jantar na sua cantina da rue des Martyrs. Os pratos – saladas de cores vibrantes, quiches quadrados com legumes orgânicos recobrindo a superfície feita de ovos, fileiras de bolos mármore, de polenta com limão, bolo de pistache, além do bolo cilíndrico de cenoura – eram arrumados em um pequeno balcão imediatamente à direita da entrada. Assim, os clientes – que ficavam de pé namorando a vitrine enquanto tinham inevitavelmente de esperar por uma mesa – tinham a oportunidade de espiar o que poderia estar em breve em seu estômago.

O flerte de Rose com os doces começou em Londres quando ela não conseguiu encontrar os doces e sobremesas que queria comer e decidiu que teria de fazê-los ela mesma. Assim que enfrentou o desafio de fazer doces na Villandry, ela percebeu que existem muitos fatores que influenciam na confeitaria além de simplesmente seguir a receita. O modo de manusear a massa e o momento de tirá-la do forno afetam o sabor tanto quanto os ingredientes. Ela tocava seus doces até sentir que tinham a consistência certa e os experimentava até estarem perfeitos para o seu paladar.

Rose não provou apenas ter um talento natural para a técnica. Ela era, e é, um gênio no desenvolvimento de receitas. Aprendeu sozinha com a prática, ouvindo e atendendo aos desejos dos clientes, lendo escritores de culinária como Elizabeth David e Richard Olney, e inspirando-se em grandes *chefs* como Alice Waters. Ela começou com receitas clássicas e então as subverteu para ver como poderia transformar cada sobremesa em algo diferente - algo melhor. Seguindo seu instinto, ela continuou a brincar com as receitas, ajustando medidas e alterando ingredientes, o que, com frequência, significava cortar o açúcar pela metade, como no famoso bolo de cenoura. Como resultado, as sobremesas de Rose são intencionalmente mais saudáveis que a maioria. Essa filosofia é o "resultado de anos tirando o que não era necessário", como ela diz em seu delicioso livros de receitas *Breakfast, Lunch, Tea*.

Grande parte do ano, observei restaurante anglo-saxões surgirem por toda Paris. Assim como em minhas visitas a Nova York, quando descobri novas padarias francesas, isso me trouxe uma mistura de empolgação, orgulho e séria irritação. Era reconfortante ver sobremesas conhecidas, mas também dissonante e bizarro. Afinal de contas, quem quer bolo de cenoura quando existem *macarons de cassis*, *millefeuilles* de framboesas com rosas e *terrines* com três chocolates salpicadas com avelãs caramelizadas de Piedmont? *Pas moi*. Ficava perplexa ao ver como os parisienses podiam ser seduzidos por sobremesas nem um pouco sensuais. Mas era o que acontecia: esse humilde bolo feito com uma raiz ralada tinha impressionado os franceses.

— Acho que isso serve para mostrar que vale a pena esperar por algumas das melhores coisas da vida.

Estava quase terminando o discurso. Minha voz tinha

parado de tremer no meio das palavras, eu estava mais firme, mais confiante, e acho que, do seu retrato na parede da sala de banquete, George W. até piscou para mim com empatia.

– Então, pessoal, por favor, ergam suas taças – um brinde à AJ e Mitchell!

Depois de dois minutos me segurando diante de todos os convidados, respirei. O DJ tirou o microfone da minha mão suada e voltei correndo para a segurança da minha mesa de oito pessoas, na qual havia sido enfiada uma nona cadeira para que eu pudesse sentar com os quatros casais formados pelos meus melhores amigos. Com o discurso feito, era hora de me divertir.

Foi um daqueles casamentos que começam com as pessoas penteadinhas e comportadas e no instante seguinte todo mundo se solta e fica descabelado e suado. Mitchell tinha passado semanas montando uma lista de músicas que combinava sua paixão pela música indie dos anos 1980 com a devoção de AJ pela música disco. Como a pista lotada indicava, a música agradou tanto a avó ainda inteirona da AJ quanto a nós, "crianças" dos tempos da escola. A cada hora, mais mulheres ficavam com o rímel borrado, com o coque desmanchado e mais gravatas eram jogadas sobre as mesas agora vazias. Havia pés cheios de bolhas, meias-calças desfiadas e mais de uma batalha de guitarras imaginárias. Foi incrível.

– Sim, Paris! – gritei animada para Tom, um dos amigos que AJ fez em sua rápida passagem por Washington D.C., com quem encontrei quando fui pegar outra taça de prosecco no bar.

– Uau, isso é muito bom.

– Sim, eu adoro. É incrível.

– Aposto que a comida é maravilhosa – disse tia Val, enquanto nós duas recuperávamos o fôlego depois de pular ao som de Kriss Kross.

– Meu Deus, in-crí-vel! – falei entusiasmada. – Quero dizer, como uma maçã pode ser tão gostosa? Tudo... as baguetes, a manteiga, o vinho, os doces... é tudo muito saboroso, é uma loucura.

– E os homens? – perguntaram duas amigas de faculdade da Amy. Estávamos no banheiro, tentando tirar o brilho do rosto, mas concluindo que só íamos conseguir retocar o batom. – *Bah...* – Levantei os ombros de maneira teatral e imediatamente reconheci que – *sacré bleu*! – com aquela expressão e aquele trejeito estava reproduzindo um jeito francês que me deixava maluca em Paris! Balancei a cabeça para a pergunta e para mim mesma. – Digamos que eu ainda não entendi os homens.

Sem par naquela noite, eu estava flutuando – livre, feliz, orgulhosa e empolgada. Eu podia circular e falar com todo mundo. Pela primeira vez em muito tempo – definitivamente pela primeira vez em Manhattan, cidade da busca pelo Cara – não me importei que estava solteira. E daí que eu não tinha a minha incrível cara metade ao lado? Eu tinha uma vida fabulosa em Paris. Estava curtindo a reação de todos àquelas duas sílabas quando elas finalmente saíam dos meus lábios: Pa-risss. Eles suspiravam, desmaiavam e ficavam de olhos esbugalhados. Ou pelo menos era assim que eu me sentia.

Se um bom casamento pode ser julgado por quanto o seu pé dói no dia seguinte, então o casamento de AJ foi um sucesso estrondoso. Enquanto me esticava no voo para Paris, com os pés doloridos e cheios de bolhas libertos das minhas botas de couro, estava realmente me sentindo tonta. Era tudo e nada: a dança, as besteiras, as piadas de rolar de rir e os momentos ternos. Os dias anteriores com minhas melhores amigas em Nova York me deram a carga de amor e segurança de que eu precisava, e voltei para Paris para encarar mais seis meses de desconhecido.

Mais pontos de doces no mapa

Bolo de banana com cobertura de cream cheese *pode ser encontrado em muitas padarias nova-iorquinas, como a Baked, a Sugar Sweet Sunshine e a Amy's Bread. Mas, em homenagem a AJ, a Billy's recebe meu selo de aprovação. Depois da primeira loja no Chelsea, eles abriram outras filiais em Tribeca e Nolita.*

No final da minha estada em Paris, houve uma louca onda de restaurantes anglo-americanos que ofereciam cheesecake, cupcakes *e bolos de cenoura, como a Merce e a Muse no Marais, e a Cosei e a Lili's Brownies Café, as duas em Saint-Germain. Mas a Rose Bakery definitivamente é o lugar para comer bolo de cenoura. Assim como a Billy's, Rose e Jean-Charles vagarosamente expandiram para o Marais e para a Bastilha. Será que Nova York será o próximo passo?*

Capítulo 11

RENASCENDO DA BABÁ AO RUM

Quando a barreira da língua e da cultura começou a ser menos penosa para mim, depois de um ano em Paris, outro sentimento quase tão desconcertante surgiu: de repente, adorava meu trabalho.

Isso era completamente novo na minha vida. Claro, sempre gostei o suficiente da minha carreira na publicidade. Mas em geral, gostava mais das pessoas e do ambiente. Tive diretores de criação incrivelmente gentis e parceiros, e fiz amizades verdadeiras e duradouras. Além disso, claro, há os benefícios adicionais de se trabalhar na indústria criativa – coisas como *happy hours* cheios de álcool que geravam fofocas mordazes; jantares luxuosos com clientes em que você pode pedir quantos pratos e garrafas de vinho quisesse porque outra pessoa ia pagar a conta; e pratos cheios de *cookies* esquecidos nas salas de reunião. Mas a publicidade nunca mexeu comigo. Era algo que eu fazia para pagar as contas (e mais importante, para manter o vício de comer chocolate importado). Até agora. Com o relançamento da Louis Vuitton em andamento, estava fazendo um dos trabalhos mais empolgantes da minha carreira.

Muita coisa havia mudado desde a minha crise seis meses antes. Não jogavam mais plataformas de estratégia ou textos para apresentações de premiações nas minhas costas. Eu não ficava mais trabalhando até tarde nas noites de sexta-feira com a equipe. Com o tempo, meus colegas e eu entendemos nossos papéis. Desenvolvemos um ritmo e um relacionamento. Eles respeitavam o que eu fazia como redatora, e eu, por minha vez, fiquei um pouco menos rigorosa e um pouco mais flexível. Até nos divertíamos juntos. Também havia um novo diretor de criação e outra redatora, o que ajudou a aliviar a carga de trabalho e a pressão. E com o crescimento da equipe – não chamaria isso exatamente de "processo" – mas descobrimos um "jeito" de fazer as coisas acontecerem. Não era perfeito, mas era mais fácil que brigar. Afinal de contas, para que mesmo precisávamos de cronogramas impressos, revisões internas e gerentes de projeto? As coisas não eram tão importantes. As coisas seriam feitas. E no final do dia, elas aconteciam como por milagre. Ou talvez eu já tivesse adotado um pouco dessa atitude *laissez-faire*.

Enquanto isso, todas as minhas amigas perguntavam, "Quanto de desconto você consegue?" O glamour de trabalhar com uma marca tão luxuosa devia ter suas vantagens, não? Ninguém ficou mais decepcionado do que eu ao ouvir "*rien*". Com meu amor recém-descoberto pela marca, realmente queria uma bolsa da Louis Vuitton – a Antheia Hobo cor de caramelo, feita de pele de cordeiro extremamente macia, para ser exata. A estampa com monogramas era feita à mão, e eu sabia que essa seria a homenagem mais sofisticada ao meu período em Paris que eu poderia imaginar. Mas sem desconto, e sem 3.200 dólares a mais na minha gaveta de calcinhas, escolhi o *Paris City Guide*, o guia de turismo fininho da Vuitton, que era a única coisa que conseguia comprar na loja da Champs Élysées.

Mas pelo menos o trabalho tinha outros benefícios. Coisas como apresentar meu trabalho para Antoine Arnault, o filho de olhos azuis do presidente do luxuoso conglomerado, no tranquilo escritório na Pont Neuf, de onde era possível ver os Bateaux Mouches subindo e descendo o Sena. Ou tomar chá em sua fina louça à tarde, ou uísque em copos de cristal à noite, na casa da família Vuitton em Asnières, um subúrbio chique a noroeste da cidade. Ou espiar o ateliê do Marc Jacobs do outro lado do jardim e, às vezes, vê-lo trabalhando em sua nova coleção. Até consegui respirar seu gênio criativo, um dia, quando ele pegou o elevador comigo na Pont Neuf, usando sua saia escocesa preta característica. *Oui, oui*, estava ficando à vontade em trabalhar com essa lendária casa da moda de Paris.

Eu passava o dia sentada à minha mesa – que havia sido transferida para o escritório da Vuitton desde que ganhamos a concorrência – pesquisando a história da empresa de 155 anos de vida. Sabia que Gaston, o bisneto de Louis, era um grande bibliófilo que gostava muito de viajar e que tinha dado os primeiros passos para que a empresa entrasse no mundo editorial. Agora conseguia reconhecer o trabalho da poderosa dupla de fotógrafos, Mert Alas e Marcus Piggott, pois eles tinham feito algumas das campanhas mais sexies da empresa. Sabia a diferença entre uma Speedy, uma Keepall e uma Neverfull, e sabia que a verdadeira Vernis Alma era da coleção do outono de 2009, enquanto a eclética Epi Alma preta aparecera no inverno seguinte. Stephen Sprouse, Takashi Murakami, Ruben Toledo, Peter Marino – eram nomes que antes não significavam nada para mim, mas com os quais agora tinha intimidade, já que meu trabalho era saber todos os detalhes da história da Casa Louis Vuitton.

Tá, e daí que eu não ganhava desconto e desejava descaradamente aquela bolsa Antheia? Eu estava fascinada. Alguém tinha colocado alguma coisa na minha bebida e agora ficava tão empolgada para ir trabalhar quanto para descobrir que Pierre Hermé tinha lançado um novo sabor para eu cravar os dentes

Fazia 18 meses desde aquele verão ensolarado quando fiz meu Tour do Chocolate. Em uma noite, durante aquela visita, recuperei as forças depois de um passeio de Vélib e de experimentar chocolate com um *omelet des herbes* no Café Select em Montparnasse. Eu estava tão satisfeita sentada no terraço, não tanto com a comida, que era bem medíocre, mas simplesmente com o momento. Era a *heure bleu*, aquele momento mágico ao entardecer, suspenso entre o dia e a noite, que é simplesmente indescritível. Estava rindo com as trapalhadas da Sally Jay Gorce, minha nova heroína americana em Paris do divertido romance de Elaine Dundy, *The Dud Avocado*. Eu ficava olhando, através do bulevar movimentado, para a La Coupole, o famoso restaurante onde Josephine Baker dançou e Picasso, Hemingway e Fitzgerald jantaram, sonhando com a oportunidade de ir até lá. Agora, um ano e meio depois, eu finalmente tinha a chance: havia sido convidada para a cerimônia de entrega do prêmio do Clube dos Diretores de Criação para receber um troféu por um dos sites que criáramos para a Louis Vuitton.

A publicidade é uma indústria tão badalada quanto Hollywood. Tem tudo a ver com quem trabalha onde, com quais contas e com quais prêmios ganhou. E é graças a essas cerimônias que você consegue se manter atualizado sobre quem é quem. Não chega a ser um Oscar, mas ainda assim é uma festa para fazer contatos.

Estava ansiosa pela noite, não tanto pela pompa e circunstância como pela celebração nostálgica daquela noite de verão que havia passado no Café Select do outro lado da rua. Naquela época, não fazia ideia de que, um dia, não apenas estaria vivendo na Cidade Luz, mas faria parte de uma comunidade local. Não chegava a ser uma "Geração Perdida", mas pelo menos eu fazia parte de alguma coisa.

Eu idolatrava a Geração Perdida e seu grupo de escritores talentosos, livres, com dificuldades financeiras e emocionalmente desequilibrados das décadas de 1920 e 1930, que ficavam acordados a noite toda, fumando, bebendo e tendo discussões filosóficas. *Paris é uma Festa, Mulher Diante do Espelho, O Segundo Sexo* – eles haviam produzido algumas das obras de arte e literatura mais significativas para mim. Eles eram os caras. Sabia que Don Draper tinha criado um ar descolado para os publicitários dos Estados Unidos, mas, por mais empolgada que estivesse com aquela noite, sentia um pouco de constrangimento de ir a esse restaurante famoso por causa de um troféu de publicidade diante de tal grandeza artística. Mas dane-se, estava empolgada mesmo assim.

Lionel, meu companheiro amante de *macarons* e excelente designer, e eu estávamos comemorando uma vitória, então podíamos levar acompanhantes. Naturalmente ele foi com a esposa, uma mexicana grande e adorável que, com o delineador perfeitamente aplicado e uma flor no cabelo, tinha sido bem-sucedida ao adotar aquele *je ne sais quo* francês. Jo, sempre uma boa amiga, era minha acompanhante. Nós quatro nos encontramos na frente do restaurante e entramos no esplendor da Art Deco juntos.

O enorme salão, do tamanho de três quadras de tênis, estava animado com pessoas dando beijos no ar e batendo taças de champanhe. Garçons vestidos de preto e com gravatas-borboleta moviam-se rapidamente, arrumando pimenteiros e garrafas de Perrier nas mesas cobertas por toalhas brancas. Vasos do tamanho de um caldeirão com ramos de cerejeiras em flor decoravam o fundo dos bancos forrados de veludo marrom. Uma série de colunas verdes sustentava o teto, cada uma delas exibindo pinturas diferentes, feitas por artistas dos anos 1920, como Brancusi e Chagall. Eu absorvia tudo. Uma história tão rica e cheia de arte. E ali estávamos nós – um franco-vietnamita com cabelo moicano, uma mexicana de 1,78 m, uma australiana com um sorriso travesso e óculos divertidos, e eu. Éramos um bando esquisito nos misturando aos figurões *bon chic*.

A cena me desconcertou: homens vestindo ternos feitos sob medida e tênis; mulheres com blusas bufantes e jeans – descolados do mundo da publicidade com cabelos cuidadosamente desfeitos, havia de tudo. Isso podia ser em Nova York se não fosse pelos capacetes de moto que eram desfilados com orgulho de um lado para o outro, como se fossem um acessório obrigatório da Colette. Observando, tentei adivinhar os talentos paralelos e as ambições secretas de todos. A maldição de ser um profissional criativo da publicidade é que você sempre sonha com mais; cada redator, diretor de arte e produtor têm um roteiro escrito pela metade, uma proposta de livro, uma demo de música ou emprego temporário de DJ. Olhei para uma mulher com um corte à Louise Brooks e um colar de pérolas combinando, e a imaginei cantando como Ella ou Edith em algum bar de jazz subterrâneo nos finais de semana. Achei que um cara perto de nós, com uma barba grisalha por fazer, balançando para frente e para trás enquanto ouvia seus companheiros, era um diretor em ascensão. Jo me resgatou antes que um ataque de ódio por mim mesma tomasse conta de mim.

– Vamos nos misturar?

– Claro, mas com quem? – perguntei. – Não conheço ninguém e não entendo uma palavra do que estão falando.

– Ah, eu também não. Vamos fingir. Acho que já estamos boas nisso. – Nós duas ainda nos compadecíamos com o fato de que ser uma expatriada em Paris era como viver dentro de uma bolha. Podíamos estar sentadas em uma mesa de jantar, assistir a uma discussão no metrô, fazer compras em uma rua lotada – fazer qualquer coisa no meio dessa imensa cidade internacional – e continuar extremamente solitárias, presas dentro de nossas cabeças. Na sua cabeça, você consegue entender as vozes; no mundo real, as palavras e os diálogos são apenas um som ambiente indecifrável – lindo, mas ainda assim sem sentido. Mas caminhamos pelo salão num esforço valente de parecer que estávamos no lugar certo. Como se fossemos as donas da festa. Observamos o social, as paqueras e as gesticulações gaulesas – coisas facilmente traduzíveis para o inglês – até que nos pediram para que tomássemos nossos lugares. A cerimônia ia começar.

O mestre de cerimônias era Ariel Wizman, uma voz conhecida nas rádios francesas que também fazia parte de uma dupla de música eletrônica pop. Acompanhado por uma criatura com vestido de gala (tão original), ele apresentou dois diretores de criação que subiram no palco para breves discursos e que receberam aplausos mornos. Enquanto isso, a mesa de jantar estava sendo coberta por delícias francesas: garrafas de champanhe, depois vinho branco e tinto. Pratos de salada, batatas fritas, carnes frias. As cestas de pães eram repostas regularmente, assim como as garrafas de água com e sem gás. Minhas habilidades com o francês tinham progredido, mas não a ponto de compreender frases como, "E o troféu pelo melhor uso de vídeo em um site corporativo vai para...", então desliguei, evitando as carnes e desfrutando do champanhe e das *frites* à vontade. Fiquei tentando imaginar onde Ezra Pound haveria se sentado décadas atrás, devorando o famoso *curry* de cordeiro do restaurante. Ou onde Simone de Beauvoir e Sartre sentavam-se tranquilamente, lado a lado, entre os círculos da fumaça de seus cigarros e dos outros. Pensei até que Hemingway e Picasso poderiam ter se sentando na cadeira onde eu estava, à esquerda do bar, quando Jo começou a me cutucar.

– É você, é você! – Lionel estava de pé ao lado da mesa, esperando por mim. Ariel tinha acabado de anunciar o nosso prêmio. Deixei meus devaneios românticos de lado e, juntos, Lionel e eu invadimos o palco.

Entre as luzes dos holofotes, podia ver centenas de olhos entediados nos medindo enquanto esse francês magrelo e arrumadinho em seu terno cor de chocolate feito sob medida, sem gravata, despejava o entusiasmo de um programa de TV com sua voz de chocolate derretido. Ele falava de maneira efusiva ao microfone, fazendo o seu trabalho, que era fazer com que nos sentíssemos *três important*. Ele deu um troféu a cada um de nós, apertou nossas mãos e nos apontou a saída, à esquerda do palco. Foi isso - acabou em um instante e foi um tanto decepcionante. Até Melissa, minha maior fã em Paris, colocar a coisa em perspectiva depois de ver o post e a foto no meu blog no dia seguinte: "Hum, espere um pouco... você está de pé sob os holofotes, recebendo um prêmio, em um palco redondo, perto do Ariel Wizman no La Coupole... você está arrasando em Paris, garota!"

Por mais que eu goste de doces, quando terminei a refeição, não estava muito interessada na sobremesa. Prefiro comer meus doces no meio do dia ou tarde da noite, com a barriga vazia. Mas naquela noite, o prêmio por ganhar um prêmio foi a babá ao rum do La Coupole.

Babá ao rum é uma famosa sobremesa francesa que estava na minha lista, graças à minha proximidade à Stohrer, a histórica confeitaria na rue Montorgueil na qual surgiu a sobremesa. Nicolas Stohrer, um jovem confeiteiro-chefe polonês, havia viajado para Paris em 1725 junto com a filha do rei da Polônia, Marie Leszczynska, quando ela casou com o rei Luis XV. Cinco anos depois de chegar à corte de Versailles, o *chef* real abriu essa confeitaria maravilhosa. Duzentos e oitenta anos depois, eu conhecia os seus encantos.

Toda vez que pisava no nome da confeitaria desenhado em letras douradas no chão de azulejos turquesa, queria tomar um chá da tarde completo. As meninas nuas dos afrescos de Paul Baudry, o mesmo artista que pintou os maravilhosos tetos da Opera Garnier, olhavam para mim, e eu não podia evitar de me sintonizar com Maria Antonieta e seus penteados de 1 metro de altura e vestidos de 1,5 metro de diâmetro. Eu flutuava em frente às vitrines, cada vez mais indefesa diante todas aquelas lindas cores, construções elaboradas e infinitas opções. Havia a *charlotte au framboise*s com suas frutas perfeitamente maduras, e o *tiramisú* servido lindamente em uma concha de chocolate. A *tartelette à l'orange* com um brilho dourado que fazia com que ela parecesse um item de *art decoratif*, e não algo comestível, e as bombas de chocolate, com glacê espesso e brilhante, que tinham sido consideradas as melhores pelo Le Figaro (uma conclusão com a qual concordo). E ainda havia aquele bolo engraçado, gordinho e dourado chamado babá ao rum.

Dizem que Nicolas Stohrer inventou a sobremesa depois de encharcar um brioche polonês seco com vinho doce de Málaga para agradar ao rei. A babá ao rum de Stohrer – ainda servida em cafés e restaurantes ao redor do mundo – permaneceu a mesma por séculos. E além da versão original, existem duas outras variações: a ali-babá com uvas-passas e a babá de chantili, que é coberta com creme de leite fresco batido.

Apesar de eu normalmente preferir meus doces como *gouter* da tarde ou como fiéis companheiros na frente da TV à noite, adorei o conceito de *dessert bars* quando eles começaram a surgir em Nova York. Afinal de contas, eles são a desculpa perfeita para simplesmente comer a sobremesa no lugar do jantar. Soube que essa era uma filosofia completamente válida depois de experimentar o *dessert bar* de Pichet Ong no West Village, o p*ong.

Pichet certamente saboreou o doce sabor do sucesso. Depois de começar sua carreira como confeiteiro-chefe no Folie, um adorável restaurante francês em São Francisco, e de trabalhar no aclamado Olives de Todd English em Boston, ele invadiu Manhattan. Quando chegou à cidade, ele trabalhou em restaurantes de sucesso como o Jean Georges e o Tabla. Começou a ganhar reconhecimento como *chef* de confeitaria do RM quando abriu e como consultor dos famosos restaurantes de Jean-Georges Vongerichten, 66 e Spice Market. Ele me disse que sua infância era a base para sua abordagem da confeitaria que se baseava em sabores como *yuzu*, semente de manjericão e leite condensado – sabores nunca vistos em um cardápio de sobremesas. "Cresci no sudoeste da Ásia, e há muita mistura de doces e salgados na culinária asiática. Em geral, as pessoas não se dão conta disso. Mas realmente não é algo novo para mim como chefe ou consumidor." Confiando em suas habilidades únicas, ele partiu para a carreira solo. Em 2007, Pichet abriu o p*ong, juntando-se à crescente onda de *dessert bars*. Fui lá por causa da minha coluna, a "Sweet Freak", e foi amor à primeira mordida.

Escolhi sentar no bar – o disfarce perfeito para jantar sozinha. Mas no p*ong, havia outras vantagens. Não só era menos chamativo ("Atenção! Garota sozinha devorando bolos na mesa 8!"), como eu podia observar a criação e o serviço dos lindos doces.

De cara, pedi um suflê de queijo stilton com crosta de nozes, servido com sorvete de manjericão e rúcula.

Nozes, queijo e ervas. Para mim, era salgado o suficiente para ser computado como um verdadeiro item do jantar, mas ainda assim cremoso e luxuriante o suficiente para despertar meu desejo por doces.

O croquete de *cheesecake* de queijo de cabra, a seguir, era leve e fofo, outra sobremesa que desafiava as fronteiras. Os cubinhos de abacaxi eram a única dica de que outras pessoas não comiam aquilo no jantar.

E, como prato final, peguei pesado com a torta de chocolate derretido da Baviera. Era um pedaço enorme de *ganache* cremosa, acomodada em uma crosta de chocolate e escondida sob uma camada de bananas caramelizadas crocantes. A mistura de chocolate com banana é uma das minhas prediletas, no mundo todo. Sem motivo para ser modesta, a deliciosa torta era servida junto com uma colherada em forma de ovo de sorvete de Ovomaltine. Parabenizei a mim mesma pela seleção perfeita de três pratos para um jantar à base de sobremesas.

Depois daquela noite, estava definitivamente apaixonada, não apenas pelas refinadas sobremesas de Pichet, mas também por seu talento ambicioso e por sua abordagem incomum aos doces. Virei fã incondicional, seguindo-o ao longo dos anos enquanto ele abria novos negócios e fazia consultoria para outros.

Depois do p*ong, Pichet abriu uma padaria ao lado chamada Batch. Esperei fielmente por meses pela inauguração e, quando finalmente isso aconteceu, fui falar direto com ele e perguntei quais os cinco itens que escolheria. É sempre interessante fazer esse teste com padeiros ou confeiteiros. Eles dizem que seus doces são como filhos e que não têm como escolher um favorito? Ou agem como loucos por doces e listam seus doces imperdíveis com um brilho no olhar?

Pichet não fez nenhuma das duas coisas. Eu podia ver sua cabeça dando voltas enquanto ele olhava perdido ao redor para sua padaria do tamanho de uma bala de goma. Inclinei-me, lambendo os lábios, ansiosa pelas escolhas do *chef*. Então ele começou:

1. "O *cookie* com pedaços de chocolate Valrhona": Adorava o fato de Pichet usar ingredientes esnobes. Padeiros meticulosos fazem doces melhores.

2. "*Cupcake* de chocolate *dragon devil's food*": De novo, feito com chocolate Valrhona. Isso é chocolate com chocolate – figurinha fácil no meu livro. Quanto mais chocolate, melhor. Não, não é possível comer chocolate demais.

3. "Pudim de Ovomaltine": Com sabor aveludado e maltado, e bananas caramelizadas, essa sobremesa única era muito próxima da que aniquilei na minha visita ao p*ong. Conhecia sua cremosidade deliciosa, mas queria experimentar algo novo.

4. "Pudim de arroz de maracujá": Podia perceber como ele era inspirado diretamente pela infância de Pichet no sudoeste da Ásia. Mas não importa o quão exótico e livre de lactose esse pudim de arroz doce feito com uma fruta tropical soasse, não fiquei tentada a experimentá-lo.

5. "*Cupcake* de cenoura com caramelo salgado": Bingo! Esse último me pegou. Bolo de cenoura sempre é servido como cobertura de *cream cheese*. Esse era diferente. Gostava da ideia do glacê de caramelo salgado. Fiz meu pedido.

Àquela altura, tinha experimentado dúzias de *cupcakes* pela cidade, desde o de banana na Billy's até o de

pistache na Sugar Sweet Sunshine e clássico bolo amarelo da Out of the Kitchen com cobertura de chocolate que,
de modo suspeito e delicioso, parecia feito com a mistura
pronta da Duncan Hines. Todos tinham os seus méritos.
Mas nenhum deles era o *cupcake* de cenoura com caramelo
salgado da Batch.

O bolo era tão fresco que eu poderia dizer que tinha acabado de esfriar depois de saído do forno. Lascas
de cenoura e um toque de canela davam à massa um sabor
condimentado e salgado, que era mais complexo que o da
massa dos *cupcakes* de chocolate ou amarelos comuns. A
cobertura também me surpreendeu com sabores distin-
tos: o delicado sabor amargo do extrato de café e o toque
de caramelo. E havia o recheio de *cream cheese* de limão
escondido no meio: não exatamente azedo ou doce, mas
completamente inesperado e o complemento perfeito para
o bolo e a cobertura. Uma pitada de sal Maldon destacava
todos os sabores. A felicidade surgiu na minha língua e
tomou todo o meu corpo.

Fiquei arrasada quando descobri que Pichet havia
fechado tanto o p*ong quanto a Batch não muito depois da
minha chegada a Paris. Arrasada. Mas como não é de ficar
parado, Pichet seguiu adiante e abriu outro lugar chamado
Spot. Em uma das minhas visitas a Nova York, fui visitá-
lo novamente, como era de se esperar. Tratava-se de uma
mistura de bar e padaria e não de dois negócios separados,
como haviam sido o p*ong e a Batch. Fora isso, no entanto, suas criações doces-salgadas estavam maravilhosamente expostas. Experimentei um *cheesecake* macio, servido
de maneira elegante em um copo alto, com pedaços de
compota de groselha, nozes moídas e espuma de limão; o
semiffredo de missô branco e duas fatias finas de bolo de

azeite, que eram colocadas sobre uma camada de lascas amêndoas junto com um *sorbet* de framboesa. E finalmente, o bolo de *ganache* de chocolate superdelicioso, que era parecido com o prato que eu comera anos atrás no p*ong, mas agora combinado com sorvete de chá verde, pedaços de caramelo crocante e de chocolate maltado. O Spot fazia jus aos seus antecessores. Era um estabelecimento diferente, mas ainda tinha a magia de Pichet.

Percebi que quanto mais as coisas mudavam em Nova York, mais continuavam as mesmas em Paris. Enquanto Pichet representava tudo de moderno e inovador nos círculos da confeitaria de Nova York, em Paris reinava a história.

Mas voltando ao La Coupole, dei uma mordida na lustrosa babá ao rum, o brioche molhado e lambuzado, uma cena um pouco obscena. O bolo encharcado de rum diante de mim tinha origem na realeza e permanecia inalterado por séculos. Ela era a sobremesa festiva perfeita para aquela noite; um *fin de soirée* delicioso. Com o potente toque de álcool rolando pela língua, absorvi os fantasmas do passado de Paris, e observei a cena diante de mim pela última vez. Posso ter ficado um pouco envergonhada pelo fato de que minha grande noite no La Coupole fosse ligado a um site publicitário, não a alguma crença revolucionária ou um romance profundo que resistiria ao teste do tempo. Mas ainda assim significava algo, e eu ainda estava apaixonada pelo meu trabalho.

Mais pontos de doces no mapa

Apenas em Nova York é possível encontrar pequenos restaurantes dedicados exclusivamente aos doces. Quando a moda dos *dessert bars* começou, fiquei empolgada. O resto da cidade, aparentemente, não muito. A maioria deles fechou depois de um ano. Mas, incrivelmente, dois existem até hoje: o ChikaLicious, *dessert bar original de Chika Tillman (inaugurado em 2003), ainda vai bem e até expandiu para uma padaria apenas para viagem do outro lado da rua. (Mais cupcakes deliciosos! E pudim de brioche! Nham!) E o dessert bar japonês, Kyotofu,, que usa e abusa da soja.*

E apesar de eu gostar mais de lambiscar doces que comer sobremesas, o último prato das refeições em Paris é sempre uma emoção. A primeira vez que experimentei babá ao rum foi no Bistrot Paul Bert no 11º onde eles colocam uma garrafa de rum na mesa junto com o bolo, assim você pode regar sua sobremesa à vontade. (Eu estava com Michael, e nós, claro, regamos nosso bolo beaucoup.*) O suflê de caramelo no Atelier de Joël Robuchon na ponta da Champs Élysées é leve e adorável. No Chez Janou no Marais e no Chez l'Ami Jean no 7º arrondissement, enormes tigelas de mousse de chocolate e pudim de arroz, respectivamente, são trazidas à mesa, tentando você a comer um pouquinho mais... só um pouquinho... ok, só um pouquinho...*

Capítulo 12

FRENCH TOAST OU PAIN PERDU. EIS A QUESTÃO.

Tinha me tornado praticamente um disco riscado, repetindo as mesmas perguntas milhares de vezes na minha cabeça. Destino ou controle? Nova York ou Paris? Café da manhã ou sobremesa?

Deixe-me explicar. Há mais de um ano estava dividida entre dois mundos: Paris e Nova York. Agora eu via a vida com dualidades extremas, tudo tinha opções, tudo era ou isso ou aquilo. Eu queria ser uma expatriada ou uma local? Americana ou francesa? Queria seguir com minha carreira na publicidade, agora tão satisfatória, ou colocar mais energia na redação para revistas, como tinha pensado em fazer enquanto estivesse morando no exterior? Também me questionava se devia viver mais como uma verdadeira parisiense ou continuar a ser uma boa nova-iorquina e riscar coisas da minha lista de afazeres. Por que eu estava em Paris? Qual a verdadeira razão de eu estar ali? Ou não havia motivo – talvez tivesse sido apenas um incrível e bobo golpe de sorte. Paris era o meu destino? Como não conseguia resolver a questão, achei que um grupo de amigas e algumas cervejas poderiam me ajudar.

Dizem que você precisa morar em uma cidade nova por pelo menos um ano antes de se sentir parte dela. Naquela primavera, eu certamente podia me considerar mais uma local em fase de aprendizado do que uma forasteira solitária. Quando alguém me parava na rua para pedir informações (*"Vraiment?* Eu pareço parisiense??"), eu não apenas entendia o que a pessoa estava dizendo, mas também conhecia a cidade o suficiente para saber para onde ela devia ir. E conseguia dizer isso *en français*. (Se minha resposta era completamente absurda, eles sempre eram gentis o suficiente para me agradecer antes de ir embora.) Meu queijeiro (sim, eu tinha um "queijeiro" e adorava dizer isso) reconhecia-me a ponto de ir em direção ao brebis, um lindo queijo de cabra suave e cremoso da região basca, sabendo que eu só me afastava do meu pedido usual para optar por *un tranche de Comté*. A lista de confeitarias com a qual eu havia chegado em Paris não só tinha crescido de maneira prodigiosa, mas também havia sido coberta de maneira impressionante. E o verdadeiro sinal de que agora eu era uma local? Eu tinha um círculo de amigos em expansão que adorava.

Jo e eu tínhamos ficado mais próximas durante os meses em que trabalhamos na agência. Apesar de trabalharmos em contas diferentes, em prédios diferentes, ainda conseguíamos almoçar juntas uma vez por semana e trocávamos opiniões sobre a política e as fofocas da empresa. Nesse período, conheci Sarah em uma festinha na casa da Rachel, que eu havia conhecido enquanto batia ovos, manteiga, açúcar e creme de leite para um *clafoutis* de ameixa em uma aula de culinária. Sarah era uma jovem e promissora escritora nova-iorquina. Rachel era londrina e se descrevia como uma "artista da gastronomia" que escrevia livros de receitas e dava jantares temáticos – Jackie O! Alemanha comunista! Os anos 1980! – quando não estava trabalhando no Bob's Juice Bar, uma pequena *cantine* aberta por um nova-iorquino perto do Canal Saint-Martin que servia *bagles* e vitaminas. Não é preciso dizer que eu ficava encantada em conviver com pessoas que, como eu, adoravam comida, moda, arte e *la belle vie en Paris*. Havia pencas de expatriados na cidade e, pensando bem, era inevitável que caíssemos nas pequenas comunidades que partilhavam dos mesmos interesses.

Ainda assim, quando acabara de me mudar para Paris, não queria nada além estar no lado francês da minha personalidade dividida ao meio. Não queria me tornar parte de uma gangue de expatriados que comiam cheese-búrgueres e assistiam ao futebol em bares irlandeses em horas estranhas da noite. Ao contrário, imaginava passar horas em volta da mesa da cozinha de alguém, em um apartamento no sótão, onde haveria vinhos, queijos e baguetes em abundância espalhados pela mesa. Divertiria meus amigos franceses com meus trejeitos de expatriada, contando histórias com meu charmoso sotaque americano. Os homens piscariam para mim, e as mulheres pediriam para fazer compras comigo aos sábados no Le Bon Marché. Até me via fumando um cigarro ocasional com eles.

Não é preciso dizer que minhas fantasias francesas nunca se realizaram. Depois de um ano sem me dar com um só francês do mesmo jeito que me dava com os anglófonos, eu tinha fincado os pés no campo dos expatriados. Por um lado, parecia um fracasso ter mudado para uma cidade estrangeira e nunca conseguir me integrar. Ah, deveria ter me esforçado mais nos exercícios de vocabulário ou aprendido a flertar como uma francesa. Mas, na prática, estava agradecida e aliviada por fazer parte de um grupo. De poder falar o que pensava e ser ouvida, literal e emocionalmente. E por ter amigas para sair nas noites de sábado!

Na verdade tomávamos a segunda caneca de cerveja quando abri os debates sobre o destino com Jo e Sarah. Estávamos no The Bottle Shop, um bar barulhento no *11º arrondissement* cheio de... anglófonos. Adorávamos aquele lugar porque todo mundo ficava em pé em volta do bar, e não separado em mesas individuais. Na verdade, era possível conhecer gente em um bar como o Bottle Shop. Além disso, a maioria dos garçons parisienses usava roupas tradicionais com gola em V e tinha cintura mais fina que a minha. Ali, eles eram caras musculosos e tatuados.

– Vocês acreditam em destino? – perguntei inocentemente, observando o bíceps do garçom. Apesar de não gostar de tatuagens, sei apreciar um braço bonito e forte.

Jo olhou pensativa através da armação enorme do seu Ray-Ban. Ela e Cedric tinham passado tão rapidamente pelas fases tradicionais dos relacionamentos que agora era completamente normal que ela passasse as noites de sábado com as amigas, e não em casa, aconchegada com seu par.

– Bom, eu acreditava em destino – ela começou com cuidado. – Até me dar conta de que, se acredita em destino, você meio que abre mão do controle sobre a sua própria vida. – Ela começou a falar mais rápido, realmente envolvida com o assunto. – Se tudo acontece por um motivo, é como se você não tivesse nada a ver com o que conquistou na vida... como se todas as suas oportunidades, ações e decisões não tivessem nada a ver com seu sucesso.

Como controladora de primeira, eu tinha que dar razão a ela. (Destino, 0; Controle, 1).

– E – ela acrescentou para dar uma ênfase final, – gosto de pensar que cheguei até aqui por mim mesma.

– Sim, acho que o destino é uma besteira. – Com apenas 25 anos de idade, Sarah tinha uma língua afiada. Se você quisesse uma discussão saudável ou uma opinião contrária, ela era a sua garota. – Quero dizer, e as coisas muito ruins que acontecem com as pessoas? Como o cara que é atingido por um ônibus e deixa a família desamparada? Ou quando você perde o emprego e o seguro de saúde quando a economia está ruim? Você quer me dizer que isso é destino? Isso deveria acontecer? E as crianças que nascem no Congo e veem seus pais serem assassinados – sério? Isso deveria acontecer de acordo com alguma orquestração divina?

(Touché! Destino, 0; Controle, 2).

– Eu sei, eu sei. Não faz sentido e pode ser enlouquecedor, mas também não é essa a questão? Nós não sabemos e nós não temos controle? As coisas simplesmente acontecem porque devem acontecer? Você nem sempre tem os motivos ou as respostas.

– *Bah...* – percebi que os olhos de Sarah também estavam grudados no bíceps do garçom. – Besteira.

– Pois é, de quem é a responsabilidade pelo fato de eu ter nascido e crescido na Austrália e, hoje em dia, morar em Paris? Não foi nenhum poder superior. Foi porque eu quis ir embora. Foi totalmente minha responsabilidade, cara. - Jo lambeu os lábios e colocou os óculos de volta no lugar. - E como a Sarah disse, como você justifica todas as tragédias e as mortes? Simplesmente não posso acreditar que essas coisas devam acontecer.

As duas estavam ficando empolgadas, e eu sabia que, de alguma maneira, elas estavam certas. (Destino, 0; Controle, 3). Existem as tragédias devastadoras, os eventos inexplicáveis e as loucuras da natureza que simplesmente não podem ser racionalizadas. Mas não conseguia afastar a sensação de que Paris era o meu destino, e estava ansiosa para que validassem essa ideia. Pressionei.

- Mas fora as tragédias da vida, e essas ligações instantâneas que sentimos com certas pessoas e lugares? E a ideia de estar no lugar certo na hora certa? Talvez tudo isso seja parte de um plano cósmico maior, do qual não estamos necessariamente cientes, mas no qual simplesmente deveríamos confiar.

Essas coisas sempre me incomodaram - a maneira como parecia que você conhecia alguém apesar de ter encontrado com ela apenas uma vez. Ou quanto você sentia uma conexão profunda com um lugar onde nunca esteve antes, como se já tivesse ido lá em um sonho ou algo do tipo. Isso tinha de ser destino, certo? (*Oui*! Destino, 1; Controle, 3.)

Enquanto Jo e Sarah se aprofundavam no debate, eu me lembrava do meu relacionamento com a Cidade Luz e do chocolate amargo, agora em seu 17º ano. Havia me apaixonado por Paris (e por seus crepes de Nutella... *mon dieu*!) durante o semestre da faculdade que tinha passado ali. Mas por mais encantada que estivesse, era jovem e voltei direitinho para casa no final do semestre. Alguns anos mais tarde, quando morava com Max em São Francisco, queria sacar minha previdência para que pudéssemos nos mudar para Paris juntos e nos tornarmos boêmios românticos que passavam os dias escrevendo e se beijando nos bancos dos parques públicos. Mas nós só achávamos graça da ideia. Então levei minha vida nos Estados Unidos ano após ano, sempre obcecada com aquela cidade mágica do outro lado do oceano. Lia livros de Janet Flanner e Gertudre Stein, assistia a filmes de Eric Rohmer e Jean Renoir, e passava horas ouvindo uma fita do Michel Thomas.

Então cheguei ao auge em 2008, com meu Tour do Chocolate. Vivi como uma local por uma semana, percorrendo toda a cidade de Vélib, visitando *chocolatiers* – aquilo era vida! Depois, quando voltei para Nova York, andei conversando com uma antiga colega que ia tirar uma folga de três meses para morar no Marais – uma ideia corajosa e empolgante que nunca tinha me passado pela cabeça. Mas em uma manhã, não muito tempo depois, tive uma revelação no Balthazar, meu restaurante favorito no Soho que, obviamente, era uma réplica perfeita de um bistrô francês, até nos *croissants* ondulados e cheios de manteiga. Estava tomando café da manhã com um dos meus antigos diretores de criação e, no meio da conversa – *mid-sentence* –, algo de repente me veio à mente. Pensei que *oui*, eu também deveria tirar uma folga para passar um tempo em Paris. Decidi que faria isso na primavera seguinte. E então, algumas semanas depois, Allyson entrou na minha sala (Destino, 2; Controle, 3).

Mas se Paris era o meu destino, o que eu deveria conseguir? Eu tinha vindo com visões românticas de encontrar o príncipe da *tarte tatin* e assinar um bom contrato para escrever sobre doces. Seria uma decana dos doces. Mas um ano depois, ainda estava solteira e não tinha assinado o contrato de um livro (isso, felizmente, aconteceria mais tarde). A vida dos sonhos vinha sendo moldada pela realidade havia tempo, e eu sabia que viver em uma cidade mágica tinha seu preço. Esperava por alguma grande epifania que explicasse tudo. E que tal se eu tivesse ido para Madri e não para Paris durante a faculdade? Se eu não tivesse feito meu Tour do Chocolate? Se eu não estivesse no escritório no dia em que a Allyson entrou, e ela tivesse oferecido o trabalho para outra pessoa? E... se, de fato, houvesse algo monumental esperando por mim – eu apenas precisava ficar em Paris mais alguns meses para descobrir? E se...?

Há um ano, sentia que eu não tinha nada a ver com a minha estada em Paris – Allyson tinha entrando na minha sala, e não o contrário. Mas talvez tenha sido eu. Talvez fosse algo como um destino induzido. Talvez fosse possível querer tanto alguma coisa, por tanto tempo, sem mesmo ter consciência disso, que o destino finalmente tivesse de ouvir e cooperar. Talvez eu estivesse no controle do meu destino, guiando-o eu mesma, ainda que de maneira inconsciente, em direção à vida que queria viver? Talvez Jo, Sarah e eu estivéssemos todas certas. (Destino: 2,5; Controle, 2,5?)

Com esse pensamento, decidi abandonar a discussão que já ia terminando e simplesmente curtir o momento de estar em um bar barulhento em um sábado à noite. "Você é melhor como sonhadora do que como filósofa", disse a mim mesma. "Deixe as respostas continuarem a ser um mistério." O DJ estava tocando Motown. O cheiro de cerveja era nojento e delicioso. Havia caras bonitos na sala. As coisas estavam começando a melhorar.

– E vocês viram só o corpo daquele garçom? – comentei, e minhas amigas responderam balançando a cabeça positivamente e com suspiros.

Mas claro que minha mente não ia descansar tão facilmente. Eu precisava tomar uma decisão. Era uma americana em Paris – uma americana apaixonada por Paris – e ainda assim não conseguia decidir onde estava meu coração, minha vida. Continuava dividida entre amar Paris e sentir falta de Nova York. Parecia que a grama era sempre mais verde, e os doces mais doces, do outro lado do Atlântico.

O que tinha me ajudado em parte a enfrentar os meses desde a minha última visita a Nova York era o fato de eu saber que meu tempo em Paris era limitado. Meu segundo CDD – *Contract à Durée Déterminée* – expiraria no final de junho, dali a alguns meses, e eu planejava voltar para casa quando isso acontecesse. Essa ideia me confortava *(au revoir, lonely nights!)* e motivava-me ainda mais a aproveitar ao máximo cada dia em Paris, sabendo que eles não iam durar para sempre.

Mas de repente, tinha dúvidas. Eu realmente estava cheia de Paris? ("Ninguém se cansa de Paris..." uma vozinha na minha cabeça repetia.) Minha vida em Nova York seria melhor? ("Discutível...") Eu tinha que fazer uma escolha? ("Sim, senão você vai ficar maluca.") Se vir para Paris havia sido destino, induzido ou não, percebi que pelo menos estava no controle do que aconteceria a seguir. Podia escolher assinar outro contrato temporário, ou até assumir um cargo fixo em Paris e ficar indefinidamente. A escolha era minha.

Meu coração me dizia uma coisa havia meses: para voltar para a minha família e meus amigos. Mas o verão, minha estação predileta, estava chegando. Eu realmente queria ir embora e perder os pores do sol às 22 h que me davam horas a mais para passear de Vélib e beber rosé na beira do canal? Negar a mim mesma mais alguns meses de doces, pela manhã, deliciosamente saídos do forno? E o trabalho? Redigir para a Louis Vuitton, em Paris, era o melhor que eu conseguiria. Eu realmente queria ir embora? Não. E sim. Sim e não. Simplesmente não conseguia decidir. Então comecei a criar listas, discutindo quais dessas duas cidades deliciosas era a escolha certa:

PRAZER OU SUCESSO?

Jantares longos e prazerosos. Deitar ao sol na beira do Sena. Sentar com amigos e observar a vida passar. Em Paris, você sonha, você pondera, você acende outro cigarro. Você deve apenas ser.

Em Nova York, você não pode simplesmente ser. Mas pode ser o que e quem quiser.

BELEZA OU ENERGIA?

Claro que eu sempre soube como Paris era estonteante. Mas viver ali de verdade e andar pelas ruas – com os plátanos enormes e os antigos paralelepípedos, os postes de luz rosada, as bancas verdes de livros e as fachadas douradas de pedra calcária – bem, os franceses sabem como seduzir.

Mas em Nova York, você é carregado por tudo e por

todos ao seu redor: pedestres, táxis, ônibus, vendedores ambulantes, letreiros brilhantes em neon, cachorrinhos, cachorrões e, ah, malucos por todo lado! Andar pelas ruas de Nova York é saber o que significa estar vivo.

PRATO DO DIA OU TENDÊNCIA DO MOMENTO?

Talos grossos e brancos de aspargo. Peitos de pato gordos e suculentos. Ovos com gemas cor de laranja. A manteiga salgada. Com alguns dos ingredientes mais puros e as receitas e técnicas culinárias mais celebradas no mundo, há poucas coisas melhores do que jantar em Paris. Você senta por horas, degustando prato após prato, garfada após garfada, enquanto mantém o ritmo com adoráveis vinhos regionais e se encanta com os garçons (se não estiverem de mau humor por terem de trabalhar).

Mas em Nova York, um cenário é servido junto com o jantar. Você tem criações disparatadas e técnicas únicas, menus surpreendentes e apresentações coloridas. O único problema é que você também é forçado a pedir mais álcool, mais comida, mais, mais e mais para aumentar a conta. ("Só isso? Você sabe que as porções são bem pequenas aqui...") E é pressionado a comer rápido para eles poderem faturar o máximo possível naquela noite. E não se esqueça de dar uma gorjeta de 20% para o seu garçom/artista/modelo/carpinteiro/descolado. Ou mais.

CHINON OU SIDECAR

Ah, os vinhos franceses. Criei o hábito de beber uma taça – Chinon, Bordeaux, Côtes du Rhône, *peu import* – quase todas as noites. E sempre que viajava para Nova York, lembrava-me de como era sortuda por poder fazer isso. Em

Manhattan, o preço médio de uma taça de vinho é a partir de extorsivos doze dólares, em comparação a três ou quatro euros em Paris. E esse é o preço de uma taça medíocre.

Mas, ah, como sinto falta de um bom drinque. Tive a sorte de morar perto do Experimental em Paris, onde os drinques são deliciosos além de criativos. Mas se eu ganhasse um centavo para cada sidecar ruim que bebi, agora seria uma garota muito rica.

MACARON OU CUPCAKE?

Não preciso dizer que experimentei alguns dos melhores doces em Nova York e Paris. Durante um tempo, achava que não havia nada melhor do que o *cookie* com flocos de milho, *marshmallow* e gotas de chocolate do Momofuku. Até eu dar uma mordida no delicioso Plenitude Individuel do Pierre Hermé, com chocolate e caramelo salgado. Eu achava que sentiria saudades dos *muffins* cheios de mirtilos do Thé Adoré. Mas então me apaixonei pelos *croissants* quebradiços e escargôs da Du Pain et Des Idées. Entre *cupcake*s e chocolates quentes, minha cabeça girava com as comparações, e meu debate interno incluía:

Bagels ou baguetes?

Creme de amendoim ou *speculoos*?

Táxis ou Vélibs?

Sapatos de salto ou sapatilhas bailarina?

Óculos ou lenços de tamanhos descomunais?

Restaurantes ou cafés?

Empire State ou torre Eiffel?

Bergdorf ou Colette?

Carrie Bradshaw ou Charlotte Gainsbourg?

Nova York ou Paris?

"Devo ir ou ficar?"

De todos os ângulos havia um ponto positivo – e eu estava exausta. As acrobacias mentais, balançando de um lado para o outro, sim ou não, ir ou ficar, não estavam me levando a lugar nenhum. No final das contas, talvez eu devesse simplesmente deixar o destino decidir. E uma última questão na minha mente não estava exatamente me tirando o sono, mas me afligia toda a vez que tomava *brunch* aos domingos.

Não, não era o clássico dilema entre ovos e panquecas (salgadas ou doces?). Mas onde diabos estava a *french toast*? *Bien sûr*, ela dominava os *brunches* em Nova York. Mas estava completamente ausente de todos os cardápios de Paris. Onde a estavam escondendo? Era um boicote? Desconheciam esse delicioso prato que levava a nacionalidade deles no nome (apesar de a França não ter nada a ver com as suas origens)? Acabei descobrindo, em Paris, que o equivalente à *french toast* é o *pain perdu*. Ele é servido como sobremesa, não no café da manhã. E é divino.

O *pain perdu* já começa com o melhor pão do mundo: uma simples baguete francesa. E a partir daí a coisa só melhora.

Assim como a babá ao rum, o *pain perdu* resultou da tentativa de salvar um bolo seco – nesse caso, uma baguete amanhecida. Dizem que ele foi inventado pelos romanos, que não podiam desperdiçar uma migalha de comida. Ao umedecer e esquentar o pão velho, eles podiam recuperá-lo e saboreá-lo em outra refeição. Certamente pão amanhecido mergulhado em uma mistura de leite é bem menos sexy do que o rum da babá e a lenda do brioche. Mas o que *pain perdu* perde no romantismo ele ganha no sabor.

Você fatia e mergulha por trinta minutos pedaços de baguete em uma mistura de leite ou creme de leite, ovos, açúcar e, dependendo da receita, talvez baunilha fresca, canela ou outros condimentos. Esse processo dá ao pão uma textura mais densa e pesada – como a do pudim de pão ou do *croissant* de amêndoas, duas das minhas guloseimas repletas de carboidratos preferidas. Então ele é frito em uma *poêle*, ou frigideira, untada com manteiga, até ficar dourado, crocante e caramelizado. Finalmente, é coberto com todo o tipo de safadeza, como sorvete de caramelo, calda de frutas vermelhas e até chantili – ou tudo ao mesmo tempo, como foi o caso da minha sobremesa no aconchegante restaurante de dois andares em Saint-Germain, o Au 35.

Nos Estados Unidos, há um pouco menos de badalação em torno da *french toast*. O pão não fica de molho, mas é mergulhado rapidamente, e normalmente é servido apenas com manteiga ou xarope de bordo. A menos que você saiba aonde ir.

Antes de ir a Paris, eu tinha me apaixonado por uma versão ridícula da *french toast* em Nova York. Ben e eu adorávamos comer juntos desbragadamente e num momento de delírio achamos que deveríamos ir a um dos destinos mais populares da cidade no que diz respeito a *brunches* – o restaurante de Gabrielle Hamilton, o Prune – exatamente ao meio-dia. Mas depois de ouvir que o tempo de espera era de noventa minutos, nem mesmo a promessa das panquecas holandesas do tamanho de um disco de vinil ou dos ovos *benedict* sobre um delicado *muffin* inglês podiam nos segurar. Retomamos as forças e decidimos procurar outra opção. A menos de meia quadra na mesma rua empoeirada do East Village, demos de cara com um lugar recém-aberto: Joe Doe.

Inaugurado por um jovem casal de Long Island, Joe Dobias e Jill Schulster, o restaurante é minúsculo (apenas 26 lugares), rústico e cheio de charmes intimistas. Móveis antigos e fotos de família decoram as paredes e o bar, enquanto uma cozinha americana no canto do fundo faz você se sentir como se estivesse na cozinha do Joe e da Jill.

Eu não sei se foi porque tudo era tão pitoresco e bucólico que achei que podia sentir o ar do campo quando nos sentamos diante da janela da frente ou o quê, mas pedi granola. Era mais provável que eu tivesse abusado dos doces durante a semana e simplesmente estivesse tentando comer de maneira "saudável". Seja qual for a razão, era boba. Nem dois minutos depois, a mesa ao lado da nossa recebeu seus pratos, e foi quando a vi: um prato com duas enormes fatias de pão caramelizado, nadando em um mar de calda, soterradas sob uma pilha de bananas e chantili, e polvilhadas com uma delicada camada de açúcar de confeiteiro. Era a *french toast* feita com o pão chalá do Joe, coberta com bananas caramelizadas.

– Ei? Por favor? – acenei para uma das garçonetes. – É tarde demais para mudar o meu pedido?

Ela seguiu meu olhar, que estava desesperadamente apontado para a *french toast* do meu vizinho, e ficou com pena.

– Acho que não. Vou verificar. – Ela caminhou até a cozinha aberta e falou com o Joe. Seus olhos continuaram fixos no fogão, as mãos ocupadas com pegadores e espátulas. Percebi que segurei a respiração até a garçonete fazer meia volta e dar um sinal de positivo do outro lado do salão. Inspirei. Sim! Eu seria poupada daquele sentimento miserável de remorso em relação ao pedido no restaurante.

O chefe Joe evidentemente entende o poder que tem na cozinha. "Nunca houve uma cobertura melhor", o próprio chefe, cheio de opinião, disse sobre suas bananas caramelizadas inspiradas em New Orleans, feitas com açúcar mascavo, manteiga e rum escuro. Fui obrigada a concordar com ele. Vinte minutos depois, quando Ben e eu estávamos mergulhando em nossos pratos, eu tinha certeza absoluta de que nunca tinha comido uma *french toast* tão deliciosa.

E não era apenas por causa da cobertura de banana. Era o pacote completo.

– O pão é superimportante – Joe explicou. – No começo eu gostava de brioche, mas há alguns anos, descobri o pão chalá.

Ele corta fatias gordas e quadradas de uma broa enorme e as deixa de molho por dez ou quinze segundos em uma mistura de ovos, creme de leite, leite, canela e essência de baunilha. Ao contrário das baguetes amanhecidas usadas na França, que absorvem melhor a umidade, o pão chalá fofo ficaria encharcado se fosse deixado de molho tempo demais.

Então tudo se mistura: um prato cheio de carboidratos sob uma deliciosa calda doce, bananas fatiadas e caramelizadas, além do chantili, só por garantia. "Deveria ser colossal para fazer jus ao *brunch*!" E realmente era. Era uma refeição por si só. Não havia como algo tão grande e delicioso ser consumido como sobremesa depois de um verdadeiro jantar em Paris.

O ruim de ser uma expatriada, eu percebi, é que você pertence a duas cidades e como consequência, a nenhuma delas de maneira completa. Estava me fazendo perguntas optativas, mas as respostas não vinham em preto e branco, mas sim em milhões de tons de cinza parisiense. Eu podia comer *french toast* no café da manhã e *pain perdu* no jantar. Viver em Paris, e amar Nova York. Ou vice-versa. Ao mesmo tempo em que estar dividida entre duas cidades fazia com que eu visse fortes dualidades na vida, também me dava a oportunidade de aproveitar o melhor dos dois mundos. Talvez eu pudesse ter meu *gâteau* e também comê-lo.

Mais pontos de doces no mapa

Acho que senti tanta falta da french toast em Paris porque as opções em Nova York são ridículas e deliciosas. No Extra Virgin no West Village, o pão caramelizado é coberto com bananas (também caramelizadas) e mascarpone *(meu Deus, eu amo* mascarpone*). E no Good, também no West Village, eles recheiam a* french toast *com* cream cheese *de banana. Nham.*

O descolado Hotel Amour no 9º arrondissement serve o pain perdu *no brunch do domingo, mas o certo em Paris é deixá-lo para a sobremesa. No L'Epicuriste, no bairro residencial do 15º, eles servem o pain perdu com uma deliciosa compota de peras, enquanto no J'Go em Saint-Germain, ele vem sem acompanhamento, mas o pão caramelizado, com consistência de pudim e crocante, é o paraíso servido em um prato.*

Capítulo 13

UMA DAS MELHORES SURPRESAS DA VIDA: GANHAR UM BRINDE

€stava atrasada para encontrar Melissa. Agora já nos conhecíamos havia um ano, mas era como se fossem 18 em "anos de expatriados" e eu sabia que ela era uma amiga para a vida toda. Íamos assistir *Sex and The City 2* na Champs Élysées e, por mais empolgada que estivesse para ver Carrie, Miranda, Charlotte e Samantha aprontando em Abu Dhabi, não conseguia de fato me animar. O prazo final do meu contrato se aproximava rapidamente e eu ainda não sabia o que fazer. Paris realmente era a vida que sonhei e o lugar mais importante para estar? Ou eu devia estar em Nova York?

A favor de Paris, eu tinha minha carreira turbinada, a beleza e a arquitetura da cidade, novas amizades, mais viagens pela Europa e *macarons*. Em Nova York, eu tinha meus amigos e minha família, meu apartamento no East Village (ainda mobiliado, esperando por mim), um estilo de vida confortável, uma cultura da qual eu sentia fazer parte e *cupcake*s. Depois de meses de conflito interno, não estava nem perto de uma resposta.

Mas enquanto atravessava a magnífica Place de la Concorde de bicicleta, agora um dos meus lugares prediletos e mais simbólicos na cidade, as nuvens se abriram, deixando passar raios de sol em um arco de 180 graus. Eu carregava uma caixa de bombons na bolsa, assim como quase dois anos atrás quando tinha percorrido esse mesmo caminho durante o Tour do Chocolate. O céu por trás das nuvens era do azul mais brilhante. Sabia que naquele momento estava realmente vendo a luz – ficar em Paris, mesmo que por mais seis meses, era a coisa a certa a fazer.

Pensei na felicidade pura que corria em minhas veias sempre que pedalava uma Vélib. No sorriso automático que se acendia em meu rosto quando virava a esquina e via a Place Vendome pela manhã. No êxtase daquele último pedaço melecado de crepe de Nutella.

Pensei nas horas que passei em torno de diferentes mesas de jantar, nas numerosas *boulangeries* e *pâtisseries* que me seduziram com seu cheiro de pão quentinho e visões de bolos brilhantes e lindos. Pensei nos infinitos passeios a pé que fiz por Paris e nas distâncias que viajei além das fronteiras da cidade. Lembrei de quando tomei chocolate quente com mamãe e Bob no Angelina, da visita à cozinha do Du Pain et Des Idées com Isa, e quando apresentei Chris, papai, as meninas e todos os meus amigos que tinham me visitado aos sabores inesquecíveis e aos prazeres deliciosos de Paris. Houve as aulas de francês e de culinária. Os desafios profissionais e os encontros desastrados. E, por mais insuportável que toda essa solidão tenha sido, houve as noites de reflexão que agora faziam parte de mim – como cicatrizes de guerra. Vir a Paris havia mudado a minha vida. Talvez de uma forma que eu não era capaz de articular ou definir completamente, mas mesmo assim de uma maneira muito importante.

Estacionei a Vélib e corri para encontrar Melissa na fila que se estendia pela Champs. Uau, quem diria que *Parisiennes* chiques eram tão devotas das palhaçadas de nova-iorquinas fabulosas? Vi Mel e acenei. Eu sorria. Estava feliz de novo. Finalmente tinha tomado minha decisão e selado meu destino. Ficaria em Paris... mesmo que só mais um pouquinho.

Mais pontos de doces no mapa

Os doces apresentados nesse livro não são de jeito nenhum tudo o que Paris e Nova York têm a oferecer. Nem são, necessariamente, meus favoritos da vida toda. (Quer dizer, olhe só... nem mencionei direito as bombas de chocolate e os brownies, ou os sundays ou a tarte tatin...) Mas cada um teve um papel memorável na minha história. Se eu tivesse de escolher os dez melhores doces de cada cidade, bem, minha lista seria mais ou menos assim:

Paris

Um bom e velho crepe de Nutella melecado vendido na rua.

La Folie, da Pâtisserie des Rêves: o peso e a textura desse doce rechonchudo são pura magia. O brioche massudo e cremoso é coberto com creme de confeiteiro de baunilha e tem um toque de passas ao rum. Coberto com farofa de pralina e um toque de açúcar de confeiteiro, é estupidamente delicioso.

O inacreditável e viciante Praluline da Pralus Chocolatier no Marais. Esse brioche doce, caramelizado, crocante, massudo e amanteigado, entupido de amêndoas de Valência e pedaços de avelã de Piemont serve pelo menos quatro pessoas. Mas eu comeria um sozinha.

O pequeno e doce Coeur de morango da Coquelicot em Montmartre. Relativamente modesto no tamanho - dá para apenas quatro ou cinco mordidas - esse bolinho tem uma textura perfeita que é ao mesmo tempo esponjosa e úmida.

A bomba de chocolate da Stohrer. A casca de massa crocante guarda um recheio de chocolate supergeneroso e é coberta por um glacê de chocolate doce. É uma dose de açúcar considerável.

O chocolate quente que gruda nos dentes do Angelina. É como beber trufas derretidas. E num salão de chá que a Coco Chanel costumava frequentar.

Falando em trufas, as trufas do Jean-Paul Hévin são le mieux. *E os* mendiants. *E os bolos. Hévin = paraíso.*

O arroz doce do Chez l'Ami Jean. Nunca achei que daria bola para arroz doce. Mas um jantar no Café Constant me fez reconsiderar a ideia, e um outro jantar no Chez l'Ami Jean mudou tudo. Servido em uma tigela enorme, acompanhado de granola cristalizada e creme de caramelo salgado, essa é uma sobremesa inesquecível.

O Plenitude Individuel do Pierre Hermé. Os maca- rons *são,* oui, *divinos, mas esse bolinho faz você viajar. Musse de chocolate fofo sob uma casca de chocolate amargo. Com um beijo de caramelo salgado. Enfeitado com lascas de mais chocolate. É lindo, maravilhoso e delicioso.*

O croissant *de amêndoas da Boulangerie Julien. Quando meu amigo Ben e eu dividimos um desses, demos risada como se fôssemos crianças, no meio da rue Saint-Honoré. Fresco e farelento, um pouco massudo e caramelizado nas bordas, bem recheado com pasta de amêndoas e levemente polvilhado com açúcar de confeiteiro e lascas de amêndoas. Como permitem que uma coisa tenha um sabor tão bom?*

Nova York

Os 170 gramas de delícia achocolatada com aveia que é o cookie de nozes com gotas de chocolate da Levain. É verdade, é difícil declarar um favorito nessa categoria, mas se eu tivesse de comer um cookie com gotas de chocolate para o resto da vida, escolheria o da Levain.

O pain au chocolat da Pâtisserie Claude. De manhã cedinho. Quando ainda está quente e derretido.

Qualquer cupcake do Pichet Ong. Infelizmente, o cupcake de cenoura com caramelo salgado desapareceu faz tempo junto com a sua padaria, a Batch (apesar de eu ter a receita para fazê-los em casa quando bate uma vontade incontrolável, psiu...). Mas existem muitas outras opções fabulosas no Spot, como o de frutas vermelhas com chocolate, o mocha caramel com sal marinho Maldon, o de baunilha com yuzu, e o de café vienense com baunilha e caramelo.

O pudim de pão de chocolate do itinerante Dessert Truck. É uma delicia quente e esponjosa, com o centro derretido, e coberto com creme inglês. O que mais você poderia pedir?

Apesar de dizer que gosto mais de lambiscar doces que de comê-los como sobremesa, eu escolheria com prazer várias sobremesas, depois do jantar, na Gramercy Tavern. Embora o cardápio mude a cada estação, entre alguns destaques do passado estão o pudim de pão com butterscotch e sorbet de pera, e o pudim de chocolate com croutons de brioche torrado e caramelo.

As trufas de champanhe da Teuscher. Até parece que estou trapaceando um pouquinho, porque a Teuscher é uma chocolatier *suíça*, não surgiu em Manhattan. Mas essas trufas deliciosas fazem o meu coração disparar.

A torta Crack da Momofuku. Porque ela sempre faz você voltar.

Os cookies *de creme de amendoim da City Bakery.* Ao contrário dos cookies *gigantes com gotas de chocolate, esses são pequenas porções de massa com creme de amendoim, assados até atingirem a perfeição úmida. Merci, Maury!*

O donut Blackout feito com massa de bolo de chocolate da Doughnut Plant. Chocolate. Blackout. Já disse o suficiente.

Uma fatia de bolo de banana com cobertura de cream cheese *da Billy's.* Os cupcakes *são os favoritos da AJ, mas às vezes você só quer sentar e comer uma fatia de bolo denso e úmido, cheio de cobertura. Eu, pelo menos, quero.*

LISTA DE CONFEITARIAS

PARIS

A l'Etoile d'Or
30, rue Fontaine (9º)
01 48 74 59 55

A La Flûte Gana
226, rue des Pyrenées (20º)
01 43 58 42 62
www.gana.fr

A la Mère de Famille
33-35, rue du Faubourg Montmartre (9º)
01 47 70 83 69
82, rue Montorgueil (2º)
01 53 40 82 78
39, rue du Cherche Midi (6º)
01 42 22 49 99
47, rue Cler (7º)
01 45 55 29 74
59, rue de la Pompe (16º)
01 45 04 73 19
107, rye Jouffroy d'Abbans (17º)
01 47 63 52 94
www.lameredefamille.com

Angelina
226, rue de Rivolo (1º)
01 42 60 82 00

Au 35
35, rue Jacob (6º)
01 42 60 23 04

Blé Sucre
7, rue Antoine Vollon (12º)
01 43 40 77 73

Bob's Juice Bar
15, rue Lucien Sampaix (10º)
09 50 06 36 18
www.bobsjuicebar.com

Café Constant
139, rue Saint-Dominique (7º)
01 47 53 73 34
www.cafeconstant.com

Chez Janou
2, rue Roger Verlomme (3º)
01 42 72 28 41
www.chezjanou.com

Chez Jeannette
47, rue du Faubourg-Saint-Denis (10º)
01 47 70 30 89
www.chezjeannette.com

Chez l'Ami Jean
27, rue Malar (7º)
01 47 05 86 89
www.amijean.eu

Columbus Café
25, rue Vieille du Temple (4º)
01 42 72 20 11
www.columbuscafe.com

Cosi
54, rue de Seine (6º)
01 46 33 35 36
www.getcosi.com

Coquelicot
24, rue des Abbesses (18º)
01 46 06 18 77
www.coquelicot-montmartre.com

Cupcakes & Co.
25, rue de la Forgé Royale (11º)
01 43 67 16 19
www.cupcakesandco.fr

Cupcakes Berko
23, rue Rambuteau (4º)
01 40 29 02 44
31, rue Lepic (18º)
01 42 62 94 12
www.cupcakesberko.com

Eric Kayser
33, rue Danielle Casanova (1º)
01 42 97 59 29
16, rue des Petits-Carreaux (2º)
01 42 33 76 48
14, rue Monge (5º)
01 44 07 17 81
10, rue de l'Ancienne Comedie (6º)
01 43 25 71 60
87, rue d'Assas (6º)
01 43 54 92 31
18, rue du Bac (7º)
01 42 61 27 63
85, boulevard Malesherbes (8º)
01 45 22 70 30
309, rue du Faubourg Saint-Antoine (11º)
01 43 79 01 76
77, quai Panhard et Levassor (13º)
01 56 61 11 06
87, rue Didot (14º)
01 45 42 59 19
79, rue du Commerce (15º)
01 44 19 88 54
79, avenue Mozart (16º)
01 42 88 03 29
19, avenue des Ternes (17º)
01 43 80 23 28
www.maison-kayser.com

Du Pain et Des Idées
34, rue Yves Toudic (10º)
01 42 40 44 52
www.dupainetdesidees.com

Eggs & Co.
11, rue Bernard Palissy (6º)
01 45 44 02 52
www.eggsandco.fr

Experimental Cocktail Club
37, rue Saint-Saveur (2º)
01 45 08 88 09
www.experimentalcocktailclub.com

Fauchon
24-30, place de la Madeleine (8º)
01 70 39 38 00
www.fauchon.com

Gaya Rive Gauche
44, rue du Bac (7º)

01 45 44 73 73
www.pierre-gagnaire.com/fran-
cais/cdgaia.htm

Gérard Mulot
6, rue du Pas de la Mule (3º)
01 45 26 85 77
76, rue de Seine (6º)
01 42 78 52 17
93, rue de la Glacière (13º)
01 45 81 39 09
www.gerard-mulot.com

H.A.N.D. (Have A Nice Day)
39, rue Richelieu (1º)
01 40 15 03 27

Hotel Amour
8, rue de Navarin (9º)
01 48 78 31 80
www.hotelamourparis.fr

Hugo et Victor
7, rue Gomboust (1º)
01 42 96 10 20
40, boulevard Raspail (7º)
01 44 39 97 73
www.hugovictor.com

Il Gelato
65, boulevard Saint-Germain (5º)
01 46 34 26 53

J'Go
4, rue Drouot (9º)
01 40 22 09 09
6, rue Clément (6º)
01 43 26 19 02
www.lejgo.com

Jacques Genin
133, rue de Turenne (3º)
01 45 77 29 01

Jean-Paul Hévin
231, rue Saint-Honoré (1º)
01 55 35 35 96
3, rue Vavin (6º)
01 43 54 09 85
23 bis, avenue de la Motte-Picquet
(7º)
01 45 51 77 48
www.jphevin.com

L'Atelier de Joël Robuchon
5, rue Montalembert (7º)
01 42 22 56 56
133, avenue des
Champs-Elysées (8º)
01 47 23 75 75
www.joel-robuchon.net

L'Epicuriste
41, boulevard Pasteur (15º)
01 47 34 15 50

Ladurée
21, rue Bonaparte (6º)
01 44 07 64 87
16, rue Royale (8º)
01 42 60 21 79
75, avenue des Champs-Élysées
(8º)
01 40 75 08 75
www.laduree.fr

La Pâtisserie des Rêves
93, rue du Bac (7º)
01 42 84 00 82
111, rue de Longchamp (16º)
01 47 04 00 24
www.lapatisseriedesreves.com

Laura Todd
2, rue Pierre Lescot (1º)
01 42 36 15 87
47, avenue de Ségur (7º)
01 42 79 10 80
www.lauratodd.fr

Le Bistrot Paul Bert
18, rue Paul Bert (11º)
01 43 72 24 01

Le Comptoir du Relais
9, carrefour de l'Odéon (6º)
01 44 27 07 97
www.hotel-paris-relais-saint-germain.com

Le Grand Vefour
17, rue du Beaujolais (1º)
01 42 96 56 27
www.grand-vefour.com

Le Moulin de la Vierge
64, rue Saint-Dominique (7º)
01 47 05 98 50
105, rue Vercingétorix (14º)
01 45 43 09 84
166, avenue de Suffren (15º)
01 47 83 45 55
6, rue de Lévis (17º)
01 43 87 42 42
www.lemoulindelavierge.com

Le Select
99, boulevard du Montparnasse (6º)
01 45 48 38 24

Le Verre Volé
67, rue de Lancry (10º)
01 48 03 17 34
www.leverrevole.fr

Lenôtre
10, rue Saint-Antoine (4º)
01 53 01 91 91
36, avenue de la Motte Piquet (7º)
 01 45 55 71 25
15, boulevard de Courcelles (8º)
01 45 63 87 63
22, avenue de la Porte de Vincennes (12º)
01 43 74 54 32
91, avenue du Général Leclerc (14º)
01 53 90 24 50
61, rue Lecourbe (15º)
01 42 73 20 97
61, avenue de la Grande Armée (16º)
01 45 00 12 10
48, avenue Victor Hugo (16º)
01 45 02 21 21
44, rue d'Auteuil (16º)
01 45 24 52 52
102, avenue du President Kennedy (16º)
01 55 74 44 44
121, avenue de Wagram (17º)
01 47 63 70 30
www.lenotre.fr

Les Deux Abeilles
189, rue de l'Université (7º)
01 45 55 64 04

Les Deux Magots
6, place Saint-Germain-des-Prés (6º)
01 45 48 55 25
www.lesdeuxmagots.fr

Les Petits Mitrons
26, rue Lepic (18º)
01 46 06 10 29

Lili's Brownies Café
35, rue du Dragon (6º)
01 45 49 25 03

Lola's Cookies
Email: info@lolas-cookies.com
www.lolas-cookies.com

Merce and the Muse
1, rue Charles-François Dupuis (3º)
06 42 39 04 31
www.merceandthemuse.com

Michel Chaudun
149, rue de l' Université (7º)
01 47 53 74 40
www.michel-chaudun.jp

Michel Cluizel
201, rue Saint-Honoré (1º)
01 42 44 11 66
www.cluizel.com

Pain de Sucre
14, rue Rambuteau (3º)
01 45 26 85 77
www.patisseriepaindesucre.com

Pierre Hermé
72, rue Bonaparte (6º)
01 43 54 47 77
4, rue Cambon (1º)
01 43 54 47 77
39, avenue de l'Opéra (2º)
01 43 54 47 77
185, rue de Vaugirard (15º)
01 47 83 89 96
58, avenue Paul Doumer (16º)
01 43 54 47 77
www.pierreherme.com

Pralus Chocolatier
35, rue Rambuteau (4º)
01 48 04 05 05
www.chocolats-pralus.com

Rose Bakery
30, rue Debelleyme (3º)
01 49 96 54 01

46, rue des Martyrs (9º)
01 42 82 12 80
10, boulevard de la Bastille (11º)
01 46 28 21 14

Sadaharu Aoki
56, boulevard de Port Royal (5º)
01 45 35 36 80
35, rue de Vaugirard (6º)
01 45 44 48 90
25, rue Pérignon (15º)
01 43 06 02 71
www.sadaharuaoki.com

Stohrer
51, rue Montorgueil (2º)
01 42 33 38 20
www.stohrer.fr

Sugar Daze
Email: info@sugardazecupcakes.com
www.sugardazecupcakes.com

Sweet Pea Baking
Email: sweetpeaparis@gmail.com
www.sweetpeaparis.com

Synie's Cupcakes
23, rue de l'Abbé Grégoire (6º)
01 45 44 54 23
www.syniescupcakes.com

The Bottle Shop
5, rue Trousseau
01 43 14 28 04
www.myspace.com/thebottleshop

NOVA YORK

Alice's Tea Cup
102 West 73rd St. - Upper West Side
212-799-3006
156 East 64th St. - Upper East Side
212-486-9200
220 East 81st St. - Upper East Side
212-734-4TEA
www.alicesteacup.com

Almondine Bakery
85 Water St. - Dumbo
718-797-5026
442 Ninth St. - Park Slope
718-832-4607
www.almondinebakery.com

Amy's Bread
672 Ninth St. - Hell's Kitchen
212-977-2670
250 Bleecker St. - West Village
212-675-7802
75 Ninth Ave. - Chelsea Market
212-462-4338
www.amysbread.com

Babycakes
248 Broome St. - Lower East Side
212-677-5047
www.babycakesnyc.com

Baked
359 Van Brunt St. - Brooklyn (Red Hook)
718-222-0345
www.bakednyc.com

Baked by Melissa
7 East 14th St. - Flatiron
212-842-0220
529 Broadway - SoHo
212-842-0220
109 East 42nd St. - Grand Central
212-842-0220
526 Seventh Ave. - Fashion District
212-842-0220
www.bakedbymelissa.com

Balthazar
80 Spring St. - SoHo
212-965-1785
www.balthazarny.com

Billy's Bakery
75 Franklin St. - Tribeca
212-647-9958
184 Ninth Ave. - Chelsea
212-647-9956
268 Elizabeth St. - Nolita
212-219-9956
www.billysbakerynyc.com

Birdbath
223 First Ave. - East Village
646-722-6565
160 Prince St. - SoHo
212-612-3066
35 Third Ave. - East Village
212-201-1902
200 Church St. - Tribeca
212-309-7555
www.birdbathbakery.com

Bisous Ciao
101 Stanton St. - Lower East Side
212-260-3463
www.bisousciao.com

Black Hound Bakery
170 Second Ave. - East Village
212-979-9505
www.blackhoundny.com

Bond Street Chocolate
63 East 4th St. - East Village
212-677-5103
www.bondstchocolate.com

Bouchon Bakery
10 Columbus Circle
212-823-9366
1 Rockefeller Plaza
212-782-3890
www.bouchonbakery.com

Butter Lane
123 East 7th St. - East Village
212-677-2880
www.butterlane.com

Buttercup Bake Shop
973 Second Ave. -Midtown East
212-350-4144
www.buttercupbakeshop.com

Café Deux Margot
473 Amsterdam Ave. -
Upper West Side
212-362-8555

Ceci-Cela
55 Spring St. - Nolita
212-274-9179
www.cecicelanyc.com

Chikalicious
203 East 10th St. - East Village
212-475-0929
www.chikalicious.com

City Bakery
3 West 18th St. - Flatiron
212-366-1414
www.thecitybakery.com

Cowgirl's Baking
259 East 10th St. - East Village
646-449-0469
www.cowgirlsbaking.com

Crumbs Bake Shop
350 Amsterdam Ave. -
Upper West Side
212-712-9800
1675 Broadway - Midtown West
212-399-3100
43 West 42nd St. - Midtown
212-221-1500
2 Park Ave. - Murray Hill
212-696-9300
37 East 8th St. -
Greenwich Village
212-673-1500
1418 Lexington Ave. -
Upper East Side
212-360-7200
501 Madison Ave. -
Midtown East
212-750-0515
420 Lexington Ave. -
Midtown East
212-297-0500
124 University Place -
Greenwich Village
212-206-8011
1371 Third Ave. -
Upper East Side
212-794-9800
880 Third Ave. -
Midtown East
212-355-6500
www.crumbs.com

CupCake Stop
(loja móvel de cupcakes)
Email: info@cupcakestop.com
www.cupcakestop.com

DessertTruck Works
6 Clinton St. - Lower East Side
212-228-0701
http.dt-works.net

Doughnut Plant
379 Grand St. - Lower East Side
212-505-3700
220 West 23rd St. - Chelsea
212-675-9100
www.doughnutplant.com

Duane Park Pâtisserie
179 Duane St. - Tribeca
212-274-8447
www.duaneparkpatisserie.com

Extra Virgin
259 West 4th St. - West Village
212-691-9359
www.extravirginrestaurant.com

Financier Pâtisserie
62 Stone St. - Financial District
212-344-5600
3-4 World Financial Center - Battery Park
212-786-3220
35 Cedar St. - Financial District
212-952-3838
983 First Ave. - Midtown East
212-419-0100
1211 Sixth Ave. - Midtown West
212-381-4418
87 East 42nd St. - Grand Central
212-973-1010
989 Third Ave. - Midtown East
212-486-2919

2 Astor Place - Greenwich Village
212-228-2787
688 Sixth Ave. - Chelsea
646-758-6238
www.financierpastries.com

François Payard
116 West Houston St. - Greenwich Village
212-995-0888
FC Chocolate Bar: 1 West 58th St. - in Plaza Hotel
212-986-9241
www.payard.com

Good
89 Greenwich Ave. - West Village
212-691-8080
www.goodrestaurantnyc.com

Gramercy Tavern
42 East 20th St. - Flatiron
212-477-0777
www.gramercytavern.com

Jacques Torres Chocolate
66 Water St. - Dumbo
718-875-9772
350 Hudson St. - SoHo
212-414-2462
30 Rockefeller Center - Midtown West
212-664-1804
285 Amsterdam Ave. - Upper West Side
212-787-3256
75 Ninth Ave. - Chelsea Market
212-414-2462
www.mrchocolate.com

JoeDoe
45 East 1st St. - East Village
212-780-0262
www.chefjoedoe.com

Kee's Chocolates
80 Thompson St. - SoHo
212-334-3284
452 Fifth Ave. - Midtown
212-525-6099
www.keeschocolates.com

Kumquat Cupcakery
Email: orders@kumquatcupcakery
.com
www.kumquatcupcakery.com

Kyotofu
705 Ninth Ave. - Hell's Kitchen
212-974-6012
www.kyotofu-nyc.com

La Maison du Chocolat
1018 Madison Ave. - Upper East
Side
212-744-7117
30 Rockefeller Center - Midtown
212-265-9404
63 Wall St. - Financial District
212-952-1123
www.lamaisonduchocolat.com/en

Ladurée
864 Madison Ave. - Upper East
Side
646-558-3157
www.laduree.fr/en

Lady M Cake Boutique
41 East 78th St. - Upper East Side
212-452-2222
www.ladymconfections.com

Levain
167 West 74th St. - Upper West
Side
212-874-6080
2167 Frederick Douglass Blvd. -
Harlem
646-455-0952
www.levainbakery.com

Little Pie Company
424 West 43rd St. - Hell's Kitchen
212-736-4780
www.littlepiecompany.com

Lulu Cake Boutique
112 Eighth Ave. - Chelsea
212-242-5858
www.everythinglulu.com

Magnolia Bakery
401 Bleecker St. - West Village
212-462-2572
200 Columbus Ave. - Upper West
Side
212-724-8101
1240 Avenue of the Americas -
Theater District
212-767-1123
107 East 42nd St. - Grand Central
212-682-3588
www.magnoliabakery.com

Make My Cake
2380 Adam Clayton Powell Blvd. -
Harlem
212-234-2344
121 St. Nicholas Ave. - Harlem
212-932-0833
www.makemycake.com

Momofuku Milk Bar
15 West 56th St. - Midtown West
212-757-5878
251 East 13th St. - East Village
212-254-3500
382 Metropolitan Ave., Brooklyn -
Williamsburg
www.momofuku.com

Out of the Kitchen
420 Hudson St. - West Village
212-242-0399
www.outofthekitchenonline.com

Pastis
9 Ninth Ave. - Meatpacking District
212-929-4844
www.pastisny.com

Pâtisserie Claude
187 West 4th St. - West Village
212-255-5911

Prune
54 East 1st St. - East Village
212-677-6221
www.prunerestaurant.com

Roni-Sue's Chocolates
120 Essex St. - Lower East Side
212-260-0421
www.roni-sue.com

Ruby et Violette
457 West 50th St. - Hell's Kitchen
212-582-6720
www.rubyetviolette.com

Spot Dessert Bar
13 St. Mark's Place - East Village
212-677-5670
www.spotdessertbar.com

Sugar Sweet Sunshine
126 Rivington St. - Lower East Side
212-995-1960
www.sugarsweetsunshine.com

Sweet and Vicious
5 Spring St. - NoLita
212-334-7915
www.sweetandviciousnyc.com

Sweet Revenge
62 Carmine St. -West Village
212-242-2240
www.sweetrevengenyc.com

Teuscher
620 Fifth Ave. - Rockefeller Plaza
212-246-4416
25 East 61st St. - Upper East Side
212-751-8482
http.teuscher-newyork.com

Thé Adoré
17 East 13th St. - Greenwich Village
212-243-8742

Tu-Lu's Gluten-Free Bakery
338 East 11th St. - East Village
212-777-2227
www.tu-lusbakery.com

Two Little Red Hens
1652 Second Ave. - Upper East Side
212-452-0476
www.twolittleredhens.com

Vosges Haut-Chocolat
1100 Madison Ave. - Upper East Side
212-717-2929
132 Spring St. – SoHo
212-625-2929
www.vosgeschocolate.com

Impressão e Acabamento